PARADAIGMS
The Business of
Discovering the Future

【新装版】

# パラダイムの魔力

成功を約束する創造的未来の発見法

ジョエル・バーカー｜著　仁平和夫｜訳　内田和成｜序文

日経BP社

PARADIGMS by Joel Arthur Barker



Japanese translation rights arranged with Margret McBride
Literary Agency in CA through The Asano Agency, Inc. in Tokyo.

# 序文

内田　和成

『パラダイムの魔力』の初版が発行された一九九五年以来、私は本書を仕事のバイブルにしてきたといっても過言ではない。ボストンコンサルティンググループのコンサルタントに始まって、次に同社の日本代表になり、さらに現在の早稲田大学ビジネススクールの教授と仕事内容も立場も変わって来たが、いつも本書に助けられてきた。

二十年にわたって、仕事の参考になる本はなかなかない。なぜ本書は、時代や立場が違っても、古びないのだろうか。理由はいくつかあるが、一つは単に知識を与えてくれるのではなく、大きな「気づき」を与えてくれるところにある。

本書では、パラダイムは「ルールであり、ルールで決めた中でどう行動すればよいかを教えてくれるもの」と定義している。仕事を効率化したり、良いものをつくるための企業のルールもパラダイムなのである。

私は本書を読んで、パラダイムには「善玉パラダイム」と「悪玉パラダイム」があると理解した。本来パラダイムというのは仕事の役に立つ善玉である。たとえばトヨタ自動車のカンバン方式やリッツ・カールトンのクレド（信条）のようなものである。よい製品を効率的につくるための考え方や、より顧客満足を高めるための方法を教えてくれるものであり、大きな成果を生む源となる。ところが、善玉パラダイムがある時、新しい時代への適応を邪魔する「悪玉」へと変わってしまうことがある。それは、パラダイム・シフトが起こった時だ。

本書の冒頭ではスイスの機械時計のパラダイムが、善玉から悪玉に変わった例を紹介している。かつてスイスの機械時計は世界市場を支配し、彼らは機械時計の中で改良を重ねてきた。そこに、日本の水晶時計（クオーツ式）というまったく別のパラダイムが登場。スイスの時計メーカーは、機械時計のパラダイムが呪縛となり、新しいクオーツ式というパラダイムにうまく適応できなかったのである。機械時計のパラダイムの中にいた人たちは、クオーツ式の興隆を目の前で見ていても、スイスの時計メーカーは「将来の時計になるはずがない」と思い込んでしまった。つまり、機械時計のパラダイムが、クオーツ式へのパラダイム・シフトを阻む「悪玉パラダイム」となったのである。

パラダイムはもともと、良い仕事を効率的にするためにつくられたルールである。その中にいる人たちも努力を続けている。その善玉のパラダイムと善意の人々が、知らず知らずのうちに邪魔をする存在になってしまう。これは、いつの時代でも起こることである。

## 「戦略」を考える時に読み返す

さらに、私が本書をくりかえし読んできたのは、たとえばパラダイムが悪玉に変わってしまった時にどう対処すればよいのか、逆に自らパラダイム・シフトをどうすれば起こせるのか、さらにはパラダイム・シフトをリーダーがどのようにマネジメントしていけばよいのかというノウハウが、豊富な事例とともに書かれているからだ。

実際に、本書で紹介されているノウハウの一つを自分がリーダーの時に実践したこともある。それは、「新人の無知を利用する」という方法である。ボストンコンサルティンググループ代表の時に、新人に社内の問題点を指摘してもらったのである。

もっとも、中途入社したての新人に聞くと、前職との違いをなにもかも問題だと報告してくる。逆に、入社してから二か月もたつと、社内のパラダイムに染まってしまい、不思議なもので、問題だと思わなくなってしまう。そこで、入社したばかりの時に「当社内の問題点をすべてメモしておいてほしい。一か月後にそのメモを見直して、その時点でも問題だと思うことを、私に報告してほしい」とした。彼らから出た指摘は、会社を経営していくうえで、大変役に立ったものである。

本書は事例も秀逸だ。「バドワイザーの缶ビール」「峠のブタ」「ソニーのCD」「エアバッグと手榴弾《しゅりゅうだん》」といったエピソードは、人間の思い込みや、常識と考えていることの危うさを教えてくれる。多少古さを感じる事例もあるが、それを補ってあまりあるほどすばらしい事例集として読める。

ほかにも、経営者が組織をどう動かすのかを考えるためのヒントが豊富に詰まっている。経営者というのは、現在のパラダイムの中でどう会社をよくしていくかという「戦術」を考えなくてはいけない。その一方で、五年後、十年後の次のパラダイムがどうなるか、どうしていくかという「戦略」も考える必要がある。本書ではとりわけ古いパラダイムと新しいパラダイムの橋渡しをするのがリーダーの重要な役割であると説く。私自身も、現在のパラダイムについて考えるより、より長期的な視点で次のパラダイムを考えることが大事であると思うことがたびたびあった。もっとも、毎日目の前の仕事に一所懸命になっていると、次のパラダイムのことはなかなか考えられないものである。そういう時は、一人でホテルなど非日常の場所にこもり、本書を読み返すことで、次のパラダイムへの気づきをもらうことができた。いわば、現実に染まってしまった自分の肉体から頭を離す〝幽体離脱〟をさせてくれる本なのである。

## 中間管理職にも、若手にも役立つ

では、本書は経営者向けの本かというと、そうとは限らない。本書は、経営者だけではなく、中間管理職が読んでも、若手社員が読んでも、役に立つのが特徴だ。

中間管理職には、パラダイム・シフトを起こすような人たちの話に、耳を傾けるようにしよう、彼らの意見を無視してはいけないと説いている。新人、若手などが良いアイデアを持っているのに、中間管理職がつぶしてしまうことがよくある。部下に「そんなことはもっと経験を積んでから言え」とか、「そんなアイデアはお前が言うずっと前に試したけれど駄目だった」などと言ってはいけない。中間管理職は、自分自身がイノベーティブにならなくてもよいが、イノベーティブな人をつぶしてはいけないのである。

また、有能な若手社員が読んでも参考になる。本書では、すばらしいアイデアを思いついたにもかかわらず、理解のない上司につぶされてしまった女性のエピソードが紹介されている。彼女のように、「正しいことを言っているのに、組織の中で認められない」と嘆く有能な若手は多いと思うが、なぜアイデアが採用されないのかを理解できない。しかし、本書で数多くの事例を読み進めるうちに、その理由がわかるようになる。既存のパラダイムの中にいる人たちの思考回路を理解して説得したり、彼らを説得できる有力者を味方につけたりする必要があるとわかるだろう。もちろん、自分が新しい発想を得るためのヒントも満載の本である。

このように立場を越えて、閉塞感を抱いている人たち、手詰まり感を持っている人たち、そんな人たちの助けになる本である。私自身この本を多くの人に薦めて、読んだ人たちから何度も感謝された。本当にすばらしい本なのである。読者のみなさんが本書から、気づきを得てくれたら幸いである。

二〇一四年三月

# はじめに　将来の三つのキーワード

二十一世紀は近い。利益を追求する企業であれ、非営利の団体であれ、新しい時代に取り残されたくないと思うなら、三つのキーワードを肝に命じておく必要がある。

**先見性**
**イノベーション**
**卓越**

講演やセミナーで、この三つが重要だと思いますかとたずねると、思うという答えがかならず返ってくる。だれもが、その重要性を理解している。しかし、三つのうち、一つか二つあれば十分だと考えている組織は多い。

三つとも、必要なのである。

そのわけを説明してみよう。

三つの中で、基盤になるのは卓越だ。それが二十一世紀の基盤になる。卓越の重要性を疑う人はまずいない（総合的品質管理の重要性はだれでも知っている）。他を寄せつけないものをもっていれば、二十一世紀の競争で優位に立てるとみんな考えているからだ。しかし、それは違う。それだけで優位に立てる時代は、今世紀とともに終わる。来世紀は、それは前提条件にすぎなくなる。

統計的工程管理。絶えざる改善。競争相手の製品やサービスを徹底的に調べて、目標を設定するベンチマーキング。あくなき一流の追求。欠陥があれば苦情が来るので、あとで直せばいいというのではなく、はじめから欠陥のないものを提供しようという姿勢。これらはすべて、W・エドワーズ・デミングとO・M・ジュランが提唱し、フィリップ・クロスビーらがひろめていった理念を出発点にしている。そのうち、ひとつでも欠けていれば、ゲームに参加することさえできない。

イノベーションがキーワードに入っているのは、それがなければ競争を勝ち抜けないからだ。卓越にイノベーションが加われば（日本企業はこの二つを兼ね備えている）、力は倍増する。二十一世紀には、首位を独走する企業はありえない。業界ランキングの上位は頻繁にいれかわる。しかし、どの企業も、四位か五位までには入っていたいと思う。それ以下になれば、どの企業でも作れる製品を作り、価格で勝負する以外になくなる。利益がうすくなって、上位に食い込むのに必要な研究開発に十分な資金をまわせなくなる。

しかし、卓越とイノベーションだけでは、まだ足りない。将来を見通すことができれば、高品質の画期的な製品やサービスを、正しいときに、正しいところに、送り出すことができる。

出てくるのが遅すぎたすばらしいアイデアはたくさんある。ユニバックのパソコンもそうだし、フェデラル・エクスプレスのザップメール（通信衛星を利用し、二時間以内に配達するサービス）もそうだ。一方、早く生まれすぎたすばらしいアイデアもある。ＡＴ＆Ｔのテレビ電話や、アップルのマッキントッシュがそうだ（スティーブ・ジョブズは運がよかった。スティーブ・ウォズニアクが、アップルⅡに心を奪われて発売が遅れたのがかえって幸いし、デスクトップ・パブリッシングの時代が到来した絶好のタイミングで、マッキントッシュを売り込むことができた）。

先見性が三つ目のキーワードである。卓越、イノベーションに先見性が加われば、顧客のニーズを予想し、そのニーズを満たす製品やサービスを開発し、他社の追随を許さない製品やサービスを提供できるようになる。この三つの力を兼ね備えれば、もう恐いものはない。二十一世紀にはかならず飛躍できる。

本書は、イノベーションと先見性をテーマにしたものである。本書をお読みいただければ、この二つの力がかならず高まると自負している。

# 目次

# 第1章 将来を見つめる

## 将来は変える気になれば変えられる

貴重な教訓をぜひとも紹介しておきたい。話は一九六八年までさかのぼる。将来の方向を察知することが、いかに重要か、おわかりいただけると思う。

一九六八年に、次のような質問をしたら、同じ答えが返ってきたにちがいない。一九九〇年に、どの国が時計市場を支配していると思いますか。

スイス。だれもがそう答えただろう。

なぜ。スイスは六十年にもわたって、世界の時計市場を支配してきた。世界で最高の時計を作ってきた。いい時計がほしい人、正確な時計がほしい人はだれでも、スイス製の時計を買っていた。

そしてスイスは、改良に改良をかさね、時計の歴史をつくってきた。分針と秒針を発明した。

近代時計の歯車、ベアリング、ぜんまいの製造方法を改善する研究をリードしてきた。防水時計の研究で、最先端を行っていた。最高品質の自動巻き腕時計を開発した。つねに、イノベーションを追求していた。

忘れてならないのは、スイスが王座にあぐらをかいていたのではないということだ。スイスは、新製品の開発、品質改善の努力をつづけていた。

一九六八年、世界の腕時計市場のシェアをみると、販売個数ベースで六五パーセント以上、利益ベースで八〇パーセント以上（九〇パーセントと推定する専門家もいた）をスイスがにぎっていた。圧倒的に世界のリーダーだった。二位以下に大きく水をあけていた。

ところが一九八〇年になると、販売個数でみたスイスの市場シェアは、六五パーセントから一〇パーセント以下にまで落ち込んでしまった。利益でみても、シェアは二〇パーセントを割り込んだ。どの数字でみても、世界市場のリーダーの座を明け渡してしまったという以外にない。

何が起こったのだろう。

何かが大きく変わった。

スイスが直面したのは、腕時計づくりのルールが根本から変わってしまう「パラダイム・シフト」だった。機械時計の時代は終わろうとしていた。電子時計の時代になれば、スイスが得意としていたものはすべて無用になる。歯車、ベアリング、ぜんまいを、いくら精巧につくれても、何の役にも立たなくなってしまう。

そして十年もたたないうちに、揺るぎないと思われていたスイス時計の将来は、こなごなに砕けてしまった。一九七九年から一九八一年にかけ、時計をつくっていた六万二千人のうち、五万人が職を失った。スイスのような小さな国にとっては、壊滅的な打撃である。

しかし、このパラダイム・シフトで、未来が大きく開けた国がある。日本である。一九六八年、日本製の機械時計の品質はすでにスイス製に肩をならべていたが、世界の腕時計市場に占める日本のシェアは一パーセントにも満たなかった。日本は当時、世界でもトップレベルのエレクトロニクス技術に磨きをかけていた。クオーツ時計の登場は時間の問題だった。真っ先に飛び出したのが、セイコーだった。現在、日本の時計メーカーは、販売個数ベースでも利益ベースでも、世界市場で約三三パーセントのシェアを占めている。

スイスにとって残念でならないのは、スイスの時計メーカーが、みずからの将来を見通す力さえもっていれば、この悲劇は完全に避けられたという点である。直面している変化、すなわちパラダイム・シフトに気づいてさえいれば、こんな屈辱を味わうことはなかったのである。

スイス人自身が、水晶《クオーツ》発振の研究では、画期的な成果をあげていたからだ。ヌシャテル研究所は、電気的刺激をあたえると正確な周期で振動する水晶の特性を、腕時計に応用することに成功していた。しかし一九六七年、そこの研究員がこの革命的なアイデアを自国の時計メーカーに持ち込んだとき、相手にされなかった。

クオーツ時計には、ぜんまいも、ベアリングもない。歯車もほとんど要らない。電池さえ入れればよい電子時計だ。こんなものが将来の時計になるはずがない。スイスの時計メーカーはそう思い込んでいたので、ヌシャテル研究所が一九六七年の世界時計会議にクオーツ時計の試作品を展示するのを許可した。セイコーはこれに飛びついた。あとは、歴史が示すとおりである。

スイスの時計メーカーがおかした過ちを、どうすれば避けられるだろうか。そして、次のことを忘れてはいけない。そのような過ちをおかしたのは、スイスの時計メーカーだけではないということを。いくつかの国が、同じ過ちをおかした。多くの企業や組織も、同じ過ちをおかした。個人もそうだ。だれが、いつ、同じ過ちをくりかえすかわからない。

スイスの過ちをくりかえさないためには、将来を予見する能力を高める必要がある。わたしはその手助けをしたいと思って、この本を書いた。

ほとんどの人が、将来はどうなるかわからないと考えている。現在の地位が安泰とはかぎらない。約束が守られるかどうかわからない。ルールが変わってしまうかもしれない。そして、どんなトラブルに巻き込まれるかわからない。そう思っている。しかし、努力しだいで、将来は大きく変えられる。わたしたちがどんなに賢く、過去から教訓を得られるとしても、過去を変えることはできない。ものごとが起こるところ、それはただひとつ、現在しかない。そして、何かが起こってから、それに対応するのが普通だ。現在という時間は、刻々と過ぎていく。しかし、現在の時間の使い方次第で、将来は変える気になれば変えられる。まだ何も起こっていないのが、将来なのだから。

将来を予見できるなら、将来をおそれる必要はなくなる。おそれるどころか、喜んで受け入れることができる。予見できれば準備ができ、その努力は将来に実を結ぶからだ。

将来を正確に予測することはできないかもしれないが、努力すれば、おおよその姿、おおよその方向はかならず見えてくる。自分の将来を自分の手でつくりたいと思うなら、将来をできるだけ正確に予測する努力をしなければならない。本書のテーマは「パラダイム」である。この概念を理解できれば、将来を予見する能力は大きく高まる。以下、予見するすべを学びながら、発見と創造をつうじてイノベーションを進める方法を学んでいきたいと思う。

**頭がよく、しっかりした目標をもった人たちが、なぜ、将来を予見するとなると、からきし無力になってしまうのか。**

この謎を解く重要な原理も、いくつか紹介していきたいと思う。パラダイムとは何か。パラダイムはどのように変化するか。それを考えていくと、パラダイムの原理が浮かび上がってくる。その原理がわかると、将来をなぜ予見できないかがわかる。そして、将来を予見する能力を高めるにはどうすればよいのかがわかる。その原理がわからないと、将来の霧はいっこうに晴れてこない。読者に約束する。パラダイムの原理を理解すれば、スイスのように手遅れになる前に、将来への扉を開けることができると。そうした人を、これまで何人も見ているからだ。

何人もの賢者がすでに指摘しているように、残りの人生をすごすのは将来である。まったくそのとおりなのだから、これから引っ越していく近所のことを少しでも知っておくことは、けっして無駄にはならないだろう。

第2章

# 先見性が勝負を決める

▼自分の将来は自分の手でつくれるし、そうしなければならない。さもないと、ほかのだれかに自分の将来をつくられてしまう

未来学が一般に知られるようになったのは、一九七〇年、いまや古典にさえなったアルビン・トフラーの『未来の衝撃』が出版されたときだった。この本は、将来を予見することがいかに重要か、変化が起こる前に、その長期的なプラスとマイナスの影響を予想しておくことがいかに重要かを、多くの読者に教えてくれた。

未来学はトフラーが登場するまえから、あまり人には知られていなかったが、長い歴史をもった学問だった。未来の研究は、第二次世界大戦中に軍事面で始まり、戦争が終わったあとも、RANDコーポレーション、スタンフォード研究所（現在のSRIインターナショナル）、

テッド・ゴードンのフューチャーズ・グループ、ハドソン研究所でつづけられた。未来のことを研究するというコンセプトは、一九五〇年代、六〇年代をつうじ、深化し、緻密になっていった。

しかし、一九七〇年代の社会的、政治的な混乱と激動があったからこそ、この学問が、象牙の塔から飛び出して、ひろく一般の目にふれるようになったといえる。今日では、雑誌をひらけば未来に関する記事があり、書店に行けば未来に関する本がならび、テレビをつければ未来はどうなるかという特集番組をやっている。未来学は、なくてはならないものになった。わたしたちはグローバル社会の一員として、未来の予測がいかに重要かがわかってきたからだ。

未来学は一般に、内容未来学《コンテント》と過程未来学《プロセス》にわけられる。内容未来学者は、将来がどうなるかを研究する。ロボットでも通信でも、エネルギー利用でも水利用でも、シェルター設計でも食糧問題でも、どんな問題でも内容未来学者は将来に「何」が起こるかを考える。それに対し、過程未来学者は（わたしもそのひとりだが）、どうしてそうなるのかを考える。わたしが研究をしていてよく思うのは、ありうる将来について豊富な知識をもってはいるが、情報を有効に活かす方法を知らない人が多いことだ。その情報の扱い方を人びとに教えるのが、過程未来学者の仕事である。

わたしは、将来を正確に予見するうえで役に立つ概念を、読者に教えたいと思う。それは、将来をつかまえる方法だといってもいい。

過去二十年間、欧米社会はすべて、過去に例がないほどの大混乱を経験してきた。わたしたちは、根本的なルール、基本的な行動規範が劇的に変わる時代に生きている。つまり、一九六〇年代初めには正しく適切だったものが、一九九〇年代には間違った不適切なものになっていることが多い。その逆のこともいえる。一九六〇年代初めには不可能に思えたもの、常軌を逸していると思えたものが、いまではごく普通のことになってしまい、最初は普通ではなかったことをみんな忘れている。こうした劇的な変化はきわめて重要である。世の中は無常だという思いにとらわれて、とてつもなく不安になってくるからだ。

それでは、テクノロジーと社会に起こった根本的な変化を、ざっと思い起こしてみよう。

・環境を考えずに、世界を考えることはできなくなった（生きているものはすべて、互いにつながっている。存在するのが当たり前だと思っていたものが、実は当たり前ではなかった）。
・日常茶飯事となったテロ。
・一九七〇年代から八〇年代にかけて、アメリカで起こった凄まじいインフレ。
・金融、航空、通信、運送業界の規制緩和。

・アメリカの製造業の受難（たとえば、ＶＴＲ）。
・ＶＴＲ。
・公民権。
・アメリカでの従業員経営参加の普及。
・最高裁、警察、連邦政府、議会など、権威や制度に対する不信。
・労働組合の弱体化。
・情報が勝敗を左右するようになった。
・テレビやラジオで使われる言葉（不作法な言葉、猥褻な言葉が、普通の番組の中で平気で使われるようになった）。
・同棲の社会的容認。
・将来のエネルギー源としての原子力発電への失望。
・「大きいことはいいことだ」から「スモール・イズ・ビューティフル」へ。
・衛星通信の普及。
・経済成長をつづけることが無条件によいとする考え方はなくなった。
・コンピューターをつうじ、厖大なデータが世界中で交換されるようになった。
・同性愛者などのマイノリティーが、堂々と自分たちの権利を主張するようになった。

・光ファイバー。
・ビジネスと政治で女性が重要な役割を果たすようになった。
・省エネ。
・女性運動。
・ケーブルテレビの普及。
・フィットネス・クラブで汗を流す人たちの増加。
・AT&Tの解体、ベビー・ベルの誕生。
・日本製といえば高品質。
・移動電話。
・アメリカの貯蓄貸付組合（S&L）の崩壊。
・ファックス送信。
・ヨーグルト・アイスクリーム。
・ラップ・ミュージック。
・高温超電導。
・安全なセックス（エイズ予防）。
・地球の温室効果。

・健康食品への関心の高まり。
・自宅や職場でのパソコン利用者の急増。
・バイオテクノロジー。
・巨額の財政赤字を認める共和党。

例をあげていけばキリがないが、ポイントはこうである。過去三十年間、世の中がこれだけ変わってしまったのは、生活のルールと規範が変わったからである。

それでは、ひとつ質問をしてみよう。こうした変化を予見できていたら、どうなっていただろう。大きな変化のうち、ひとつでも予見できていたら、どうなっていただろう。変わることがわかっていれば、何ができただろうか。

たとえば、パソコンの普及がわかっていれば、何ができただろう。一九七六年、大学を中退した二人の若者の目がきらりと光ったときに、それがわかっていれば……。それがどれほど大きな投資のチャンスだったか、考えてほしい。

あるいは、健康食品の場合はどうだろう。ヨーグルトなどの低脂肪食品が、これほど人気をあつめるとは、だれが想像できただろう。

どんな仕事をしていようと、変化を予見できる人とできない人では大きな差がつく。予見できていれば、少なくとも、虚を衝かれることはなかった。「未来の衝撃」を受ける度合いは少なかったはずだ。うまくいけば、百万長者、いや億万長者になれたかもしれない。変化を察知できれば、大きなチャンスが開ける。トレンドを見ていても、ルールの変化はわからないからだ。だからこそ、多くの人たちにとって、場合によっては専門家にとってさえ、ルールの変化は予測できないものに思える。

**ルールの変化は新しいトレンドを生み出し、あるいは、すでに起こっていたトレンドを決定的に変えてしまう。だからこそ、目が離せない。**

もうひとつ質問をしてみよう。こうした変化が引き金になって、製品やサービスにどのようなイノベーションが起こったか。環境に対する考え方の変化をみるだけで十分だろう。環境を保護するために、まったく新しい産業が生まれた。環境保護産業は、二〇〇〇年には、世界全体で一兆ドル規模の産業に成長しているだろう。一九六〇年には、存在さえしていなかった産業である。

先に列挙した変化は、単に新しいトレンドを生み出すというだけではない。それが引き金になってイノベーションの波が起こり、その波は何十年にもわたって続くのである。こうした変化の性質を知っていれば、変化を予見するすべを知っていれば、自分の将来をつくっていくうえで、大きな力を手にすることができる。

それでは、「先見性」という言葉をちょっと考えてみよう。それは、何かが起こるまえに、それを見通す能力である。ピーター・ドラッカーは『乱気流時代の経営』の中で、非常におもしろいことを言っている。よき経営者に求められる能力について述べ、乱気流の時代にもっとも重要な経営能力のひとつに、「先見性」をあげている。

わたしもまったく同感だ。図1を見ていただきたい。経営に成功しているほとんどの人が、高い問題解決能力をもっているが、それはおもに対応能力だといえる。つまり、実際に問題が起こったときに、それを解決できる能力である。成功している経営者は、時間の大半を問題の解決に費やしながら、四分割されたほかのゾーンでも仕事をしている。しかし、思考・行動範囲の大半は、問題解決／対応のゾーンに入っている。

もちろん、それには、それなりの理由がある。問題に対応し解決する能力で、経営手腕が判断されるからだ。問題を解決して報酬を受け取っているのだから、そのために時間を費やすのは当然である。

ドラッカーが言っているのは、経営者は、図1の反対側のゾーンの能力を高めなければならないということだ。つまり、Aのゾーン。予見能力と問題回避・機会発見能力の分野である。個人でも、企業でも、国でも、将来を大きく左右するのは、この能力である。

図1

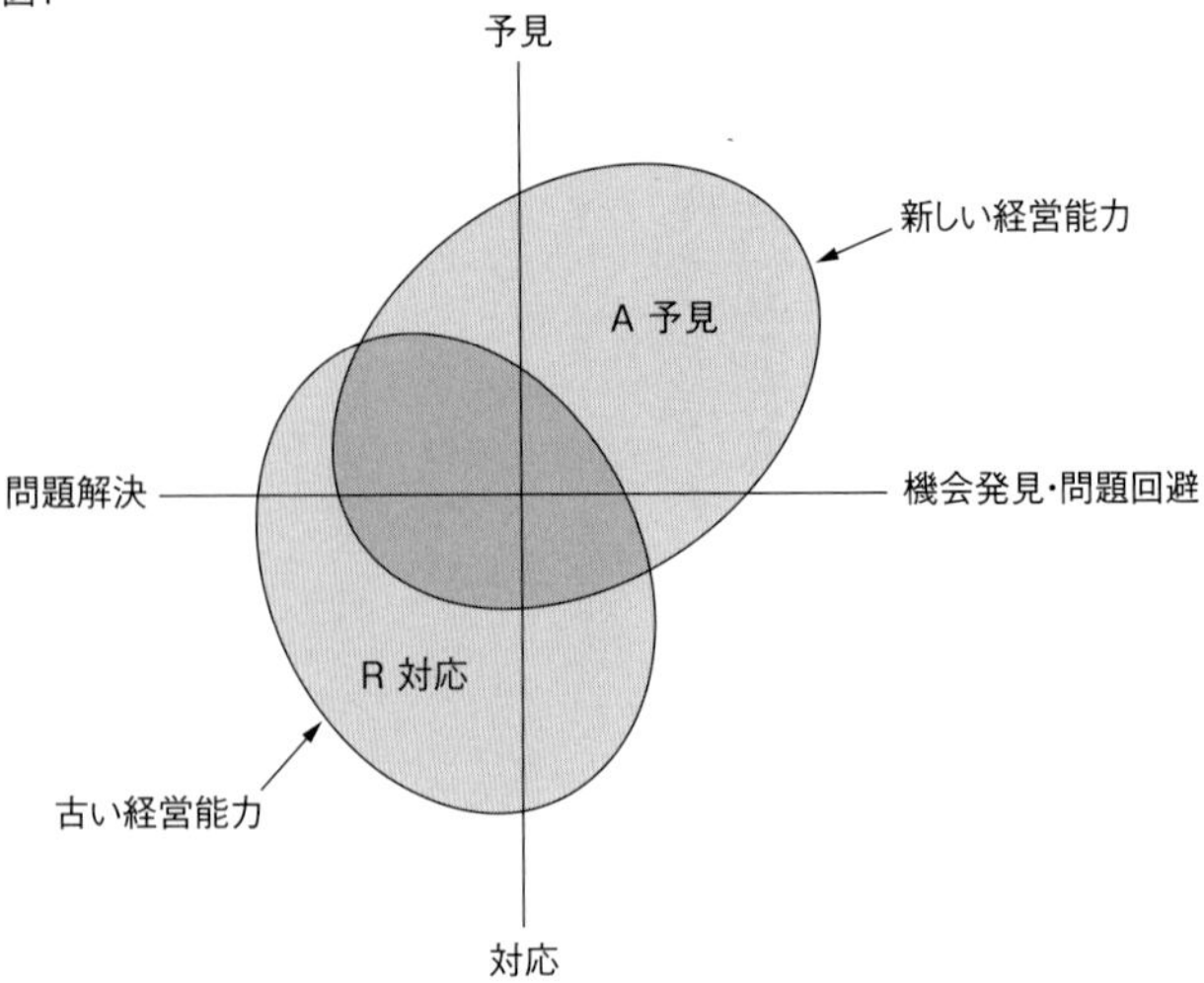

経営者だけの話ではない。だれもが例外なく、問題が発生してから、それに対応する古いスタイルから、問題が起こるまえに、その可能性を予見し、問題発生を未然に防ぐ新しいスタイルに変えていかなければならない。

ドラッカーが指摘したことを、譬《たと》えをつかって説明してみよう。川を思い浮かべてほしい。川底も両岸も砂で、透明な水がしずかにゆるやかに一定の速度で流れている川である。「この川を渡って、向こう岸に行きたい」と言われたとしよう。たいした冒険ではない。ボートをみつけ、ボートを動かす方法をみつければ、それですむ。このような川を渡るのに、予見能力はほとんど要らない。必要な情報はすべて、はっきりと目の前にそろっているからだ。

つぎに、荒れ狂う川を思い浮かべてほしい。いたるところで流れが渦を巻き、場所によって流れが大きく変わる川である。流れが渦を巻くため、底から砂が巻き上げられ、水は濁っている。水面下にどんな岩が隠れているかわからない。両岸とも激流に浸食され、岩がごつごつして複雑に入り組んでいる。

この川を渡ってくれと言われたら、相当の覚悟が必要になる。無事に渡れるかどうかは、予見能力に大きくかかってくる。水面下の岩を見通し、渦巻きや流れの変化を予測でき、安全に着岸できる場所があらかじめわかっていれば、無事に川を渡れる確率はかなり高くなる。

わたしたちが生きている時代は、激流、濁流の川によく似ている。激動の時代には、先を見通せるかどうかが、成否を大きく左右する。

しかし、先見性が大事だと言われても、どうすれば予見できるのかわからない。それがわかるためには、次のことをしっかり頭に入れておく必要がある。

**戦略的に探検をして初めて、将来を正しく予見できる。**

戦略的に探検をすれば、起こりうる将来を発見できる。そして、何が起こりうるかがわかれば、それに備えることができる。

戦略的探検には、つぎの五つの要素がかかわる。

**1** 影響の理解力。これは、探検を開始するときに、自分の考え方に影響をおよぼしているものを理解する能力である。

**2** 拡散的思考力。これは、正しい答えを二つ以上見つけ出すのに、必要な能力である。

**3** 収斂的思考力。これは、データを整理し、選択の優先順位をつけるのに、必要な能力である。

**4** 地図作成能力。これは、現在から将来への道筋を示す能力である。

**5** 表現力。これは、将来の探検の中で発見したものを、言葉や図形やモデルに表現する能力である。

すぐれた戦略的探検者は、この五つの能力をすべてもっている。

本書では、最初の要素、影響の理解力に焦点をあわせることにしたい。将来に対する考え方が何によって影響を受けているのか理解できなければ、それ以外の能力は発揮しようがないからだ。

戦略的探検を正しくおこなって初めて、将来を予見することができる。科学的に予見できる場合もあるが、もっとも重要なのは芸術家的な側面である。そして、芸術家とおなじように、努力をかさね、腕をみがいていけば、予見能力はおどろくほど高まる。予見能力が高まれば、将来訪れる新しい世界に取り組む能力も高まる。

# 第3章 パラダイムとは何か

## 黒いハートは、スペードに見える

一九七四年、わたしが企業のセミナーに招かれて、パラダイムについて話しはじめたとき、なぜ、そんな奇妙な概念にとりつかれているのかと、さんざん質問を受けた。ほとんどの人が、PARADIGMをどう発音するか知らなかったのだから、それが何であるのか知るはずもなかった。

第2章に列挙した変化の大半は、特殊な現象、すなわちパラダイムの変化から起こったものだ。未来学者の専門用語で、それは「パラダイム・シフト」と呼ばれる。

パラダイムの概念とパラダイム・シフトがわかれば、第2章で述べた予想外の変化の性質を理解できる。なぜ変化が起こったのかを理解できれば、次のパラダイム・シフトを予見できる確率は高まる。

今日、「パラダイム」という言葉はかなり耳になじみ、漠然と使われることが多い。しかし、パラダイムは漠然とした概念ではない。

パラダイムとは何か。辞書をひけば、語源がギリシャ語にあることがわかる。もともとは、「モデル、パターン、範例」を意味する言葉だった。

一九六二年以降に書かれたさまざまな本の中で、パラダイムがどう定義されているかみてみよう。『科学革命の構造』の著者、科学史家のトーマス・Ｓ・クーンは、パラダイムの概念を科学の世界にもちこんだ。クーンはこう書いている。科学のパラダイムとは、「実際に科学研究をおこなううえで、法則、理論、応用、装置にすべて関わる確立された範例であり、これをモデルにして、科学研究特有の伝統が生まれている。……共通のパラダイムにもとづいて研究をおこなう人は、同じルールと基準にしたがって仕事をしている」

アダム・スミスは『理性の力』の中で、こう定義している。パラダイムとは「共有された一連の仮説である。パラダイムは、われわれが世界を認識する方法であり、魚にとっての水のようなものである。パラダイムは世界を説明し、世界の動きを予測する一助になる」。この「予測する」という点が重要である。ほとんどの場合、パラダイムを使って、将来を予測しているという意識はない。しかし、パラダイムがあるからこそ、ひろく共有された一連の仮説にもとづいて、世界で何が起こりそうか、いろいろと予測できるのである。スミスは結論として、

「あるパラダイムの中にいるとき、そのほかのパラダイムは想像することさえむずかしい」と述べている。

スタンフォード研究所のリーダーのひとり、ウィリス・ハーモンは、『未来への不完全なガイド』の中で、こう書いている。パラダイムとは、「現実のある見方にもとづいて、認識し、考え、評価し、行動する基本的な方法である。支配的なパラダイムが、声高に論じられることはまずない。それは、文化の中で、教えられるよりも直接の体験を通じて、世代から世代へ伝えられていく。疑う余地のない暗黙の了解として存在する」

「ニュー・センス・ブルティン」の編集者兼発行人として有名になったマリリン・ファーガソンは、『アクエリアン革命』の中でこう書いている。「パラダイムは思考の枠組みであり……現実のいくつかの面を理解し説明する体系である」

わたしの定義はこうだ。

**パラダイムとは、ルールと規範であり（成文化されている必要はない）、①境界を明確にし、②成功するために、境界内でどう行動すればよいかを教えてくれるものである。**

普通、何を成功とみなし、何を失敗とみなしているだろうか。

ほとんどの場合、ささいな問題だろうと、深刻な問題だろうと、問題を解決すれば成功とみなされる。この点を考えてみれば、パラダイムがいかに広範囲に適用できるかすぐにわかるだろう。わたしの定義にしたがえば、テニスはパラダイムだろうか。ちょっと考えてみれば、そうであることがわかる。テニスには境界があるか。もちろん、ある。それくらいは、だれにでもわかる。成功と問題解決は、少しわかりにくい。テニスで、問題とは何だろう。それは、ネットを越えて、ボールが打ち込まれてくることだ。そのとき、テニスのルールにしたがって、問題を解決しなければならない。

テニス・ラケットで、問題に対処しなければならない。野球のバットで打ち返したり、足で蹴り返してはいけない。そして、打ち返したボールがネットを越え、相手のコートの境界内に落ちれば、問題を解決したことになる。今度は相手が問題をかかえる番だ。どちらかが解決できない問題を突きつけるまで、ネットをはさんで問題を交換しあう。テニスはパラダイムである。あらゆるスポーツがパラダイムである。スポーツのすばらしいところは、境界がはっきりしていて、勝つために（問題を解決するために）必要なことがきわめて具体的になっていることだ。勝者と敗者が明確になる。だからこそスポーツの試合はおもしろいが、現実はそれほど単純にはできていない。

もっと重要なパラダイムをみてみよう。自分の専門分野を考えてみよう。職場であれ、家庭であれ、ほとんどだれもが専門分野をもっている。読者の中には、エンジニア、セールスマン、コック、大工、看護婦、エコノミストなど、さまざまな職業の人がいるにちがいない。こうした専門分野もパラダイムだろうか。

わたしの定義に照らし合わせてみよう。「分野」という言葉は、何を意味しているのだろうか。それは境界である。専門外の分野で問題に直面したとき、どんな気持ちになるだろう。無力感におそわれるのではないだろうか。何をすればいいのか、わからないのではないだろうか。問題が発生したとしよう。その問題をもちこんできた人は、なぜ、あなたのところに来たのか。それは、あなたの分野で問題を解決しようと考え、助けを求めに来たにちがいない。専門分野も、やはりパラダイムなのだ。

芸術家はパラダイムをもっているだろうか。わたしは以前よく、芸術家というのは、何にもとらわれず好き勝手なことをやっている人間だと言っていたのだが、この見方は芸術家から訂正されることになった。あるとき、講演が終わると、ひとりの女性がやってきて、こう言った。「わたしは彫刻家です。わたしが彫る大理石の塊を何だとお考えですか」。それはその人の「分野」だった。だから、大理石の塊にノミを打ち込んで、その人は「分野内で」仕事をしているのだとわかった。

わたしはこう聞いてみた。「でも、あなたは大理石の塊で、やりたいことを何でもできるでしょう」。

「芸術家として認められなくてもいいと思うなら、何でもできます」というのが答えだった。そして、彫刻には、「質感」「形状」「均衡」「内容」のルールがあると教えてくれた。すぐれた芸術家として認められるためには、そうしたルールを守らなければならないというのだ。

このことがあってから、わたしは芸術家の話に耳を傾けるようになった。とりわけ、制作の過程でぶつかる問題に興味をもつようになった。遠近感の問題、色調の問題、人物描写の問題と、芸術家が直面する問題はさまざまだ。芸術家はパラダイムをもっているのだ。

ある意味で、わたしはヒエラルキーをつくろうとしている。いちばん上にあるのが、科学とテクノロジーで、トーマス・クーンが焦点をあわせたところである。科学とテクノロジーが最上位にくるのは当然だろう。パラダイムには非常に口うるさいからだ。きちんと記録をとり、問題解決に成功したかどうかの判定確度を高めるために、測定機器を開発するのをみても、それはあきらかだ。

そして、ある科学者が実験に成功すると、ほかの科学者が同じ実験をくりかえし、同じ結果を得られるように、実験の記録や装置をほかの科学者に渡すように期待される。

テニスの好きな人が、ボリス・ベッカーのノートを読み、同じラケットを使ったからといって、ベッカーと同じようなサーブを打てるようになるとは考えられない。また、すぐれた画家と同じ絵の具、筆、キャンバスを使ったからといって、その画家と同じ絵が描けるとは思えない。再現・複製の必要があるということが、科学とそのほかの分野が決定的に違うところである。このため、現実を操作するうえで、科学とテクノロジーはほかの分野よりはるかに大きな力をもっている。しかし、その力は別にして、前述したわたしの定義を科学とテクノロジーにあてはめてみれば、定義に合うことがおわかりいただけるだろう。

わたしは長い間、パラダイムという概念の部分集合をあらわす言葉をあつめてきた。以下に列挙した言葉は、変えやすいものから、変えにくいものへと、ならべたものである。その順番には異論もあるだろうが、まず言葉をながめ、言葉に内在する成功のための境界とルールと規範について考えてほしい。

理論
モデル
方法論
原則
基準
プロトコル

日課、手順
前提
慣行
パターン
習慣
常識
通念
思考様式
価値観
評価基準
伝統
しきたり
偏見
イデオロギー
タブー
迷信

儀式
社会的強制
悪癖
教義

このリストに、「文化」「世界観」「組織」「企業」といった言葉が出てこないことに注意していただきたい。そのわけは、文化、世界観、組織、企業は、パラダイムの森だからである。IBMはひとつのパラダイムではなく、たくさんのパラダイムの集まりなのだ。どの企業でもそうだ。大企業でも中小企業でも、管理のパラダイム、販売のパラダイム、社員採用のパラダイム、マーケティングのパラダイム、研究開発のパラダイム、人的資源開発のパラダイムをもっている。まだまだたくさんあるだろうが、「パラダイムの森」という意味はおわかりいただけたと思う。そして、わたしたちの文化の中には、企業よりもっと多くのパラダイムがある。どうやって子供を育てていくか。どうやって愛し合うか。正直とは何か。どんなものを食べるか。どんな音楽を聞くか……。

そして、どんな文化でも、どんな組織でも、こうしたパラダイムすべての相互関係が、成功するか失敗するか、繁栄するか衰退するかを大きく左右する。「森」と言ったのは、そういう意味である。相互依存が強い構造になっているのだ。環境のパラダイムを考えてみればわかるように、森の中の何かが変われば、森全体に影響が出る。したがって、会社のだれかが、会社のパラダイムをあれこれいじりはじめ、「心配するな、きみには関係ない」と言うとしたら、それは心配しなければならない。パラダイムがひとつだけ変わるということはありえない。

いま戦っているのは、どんなゲームなのか。そのゲームに、どうすれば勝てるのか。それを教えてくれるのが、パラダイムだといえる。ゲームという比喩を使うと、パラダイムが非常にわかりやすくなる。ゲームには境界が必要であり、正しくプレーするための方向が必要だからだ。パラダイムは、ルールにしたがってプレーする方法を教えてくれる。

**つまり、パラダイム・シフトとは、新しいゲームに移行すること、ゲームのルールがすっかり変わってしまうことである。**

過去三十年間の社会の激動の背景には、パラダイム・シフトがあった。だれもがよく知っているルールがあったのに、だれかがルールを変えてしまった。それまでの境界は馴染みのあるものだったのに、新しい境界を学ばなければならなくなった。そして、こうした変化が世界をひっくり返してしまったのだ。

ジョン・ネイスビッツは、一九八二年のベストセラー、『メガトレンド』の中で、パラダイム・シフトがいかに重要かを、間接的に述べている。重要な新しいトレンドが十あり、今後十五〜三十年に、わたしたちの社会は大きく変わるだろうと書いている。

こうしたトレンドの発端をさがせば、パラダイム・シフトを見つけられるだろう。ネイスビッツが『メガトレンド』で教えてくれたことは重要である。時間の経過とともにたどっていく変化の道筋を示してくれたのだから。どう変化するのかがわかれば、将来に得るものも失うものも見えてくる。

しかし、道筋よりも大切なのは、まず、何がきっかけで変化が起こったのかを理解することだ。トレンドの初めには、かならずだれかが新しいルールをつくるといってもいいだろう。分権化のトレンドは、まさにパラダイム・シフトの好例である。古いルール、古いゲームでは、「組織を中央集権化し、ヒエラルキーをつくっていく」ことを求められた。しかし、このゲームは結局、大きな問題を生み出してしまった。そこでだれかが、それまでとはちがったやり方で問題を解決しなければならないと思いついた。組織を分権化し、構造を単純化しなければ、問題は解決できないと考えたのだ。それは、ルールを変えることだった。その結果、パラダイム・シフトが起こった。

したがって、将来を予見する能力を高めたいと思うなら、トレンドが目にみえて変わってくるまで待っていてはいけない。ルールをいじりはじめた人に注意しなければならない。それが、大きな変化の最初の兆候だからである。

トーマス・クーンの『科学革命の構造』を読んで、わたしが疑問に思ったのは、パラダイムは科学にのみ存在すると、クーンが主張していることだった。クーンはあとがきで、その他の分野はすべて、科学の正確さをもっていないので、「前パラダイム的」であるとわざわざ書いている。しかし、わたしは、科学以外の分野で、クーンが書いている現象を何度も何度も見ていたのである。そこで、気がついた。非常に説得力のあるクーンの例証の中で、重要な役割を果たしているのは、科学的要素ではなく、文化的要素であると。その例証とは、トランプを使ったもので、普通のカードの中に、「赤のスペード」と「黒のハート」を混ぜ、ほんの数秒間だけ見せて、なんのカードか答えてもらうという実験である。ほとんどの人が、変則のカードが混じっていることに気がつかない。たとえば、黒のハートの4を見せると、スペードの4か、ハートの4という答えが返ってくる。しかし、この実験が科学的だとはいっても、実験の道具、すなわちトランプは、文化が生み出したものである。そして、黒のハートを見て、スペードだと思うのは、文化的な思い込みであって、科学的な思い込みではない。

したがって、この実験の結果わかったことは、文化的パラダイムの力がいかに強いかということだった。被験者は、トランプのパラダイムの境界にもとづいて、カードの種類を識別したのだから。

トーマス・クーンは、科学の本質ばかりでなく、人間性の本質も発見した。

一九六〇年代を振り返ってみれば、科学以外の分野でパラダイム・シフトをいくらでも見つけることができる。子供がマリファナを吸い、髪を長く伸ばすのをみると、親はかんかんに怒った。それは、文化のパラダイム・シフトだったからだ。石油ショックも、考えてみれば、経済のパラダイム・シフトだった。アメリカがイラン革命を理解できなかったのは、宗教のパラダイムと関係している。わたしたちが将来について困惑することの多くは、パラダイムの変化に原因がある。

パラダイムの変化は、わたしたちすべてにとって、きわめて重要である。ビジネスも、教育も、政治も、私生活も、パラダイムが変われば、ゲームのルールが根本から変わるからだ。

そして、ルールが変われば、世の中のことがすべて変わってしまう可能性がある。

クーンが科学のパラダイム・シフトについて指摘したことは、ルールと規範が深く根づいてさえいれば、どんな状況にもあてはまる。

おそらく、クーンは承知しないだろう。わたしが（そして、ほかの人も）、パラダイムの概念をここまで一般化したことを、クーンが喜ぶとは思えない。クーンは、ルールと例証と測定が正確な科学の中にだけ、パラダイムは存在すると書いている。そして、科学がもっている精密さと正確さだけが、パラダイムの変化を測定でき、それが新しいパラダイムの追求につながると述べている。たしかに、パラダイムの範囲を無原則にひろげていくことは許されない。それでも、クーンの主張には反するが、パラダイムをもっと広義に考えれば大きな効用があるというわたしの考えに変わりはない。この本を読み進めていくうちに、読者にもきっとわかってもらえると期待している。

以下、次の四つの観点から、パラダイムを考えていく。

## 1　新しいパラダイムはいつ現れるのか？

これはすべて、タイミングの問題である。新しいルールがいつ現れるのかがわかれば、かなり正確に将来を予見できる。タイミングがすべてではないかもしれないが、重要な出発点になる。

## 2　どんな人が、パラダイムを変えるのか？

どんな人がパラダイムを変えるのか。どんな人がルールを変えるのか。そういう人はいつ現れるのか。それを理解しておくことは重要である。パラダイムを変える人には四種類あり、そのうち三種類はすでに組織の中にいる。しかし、そういう人たちの力をどう借りればいいのか、わかっていないケースが多い。それどころか、そういう人たちを遠ざけようとするのが普通である。

## 3 パラダイムを変える人のあとを最初に追うのはだれか？ なぜ、そうするのか？

そうした人たちを、わたしはパラダイムの開拓者と呼びたい。開拓者がいないと、パラダイム・シフトには長い長い時間がかかる。新しいルールが現実を動かすには、一定量以上の知恵と努力と資金がかならず必要になる。それを提供するのが、パラダイムの開拓者である。だれもがパラダイムを変えられるわけではない。しかし、自分の役割さえ自覚していれば、だれでも、パラダイムの開拓者にはなれる。

## 4 パラダイム・シフトは、その渦中にいる人にどんな影響をあたえるか？

なぜ、新しいパラダイムには大きな抵抗があるのか。それを理解しようとすれば、この問題を避けては通れない。この問題が解ければ、古いパラダイムの中で生きている人と、新しいパラダイムの中で生きようとする人の間に、深いミゾがあることを理解できる。

この四つの設問に答えが出たとき、パラダイムの原理が見えてくる。

# 第4章 新しいパラダイムはいつ現れるのか

▼「手掛かりをつかめたかもしれない」

パラダイムの寿命を示すグラフをつくりながら、一番目の設問に答えていくことにしよう。わたしは自分の考えが正しいかどうか確認するため、科学、テクノロジー、組織、社会など、各分野のパラダイムをもつ人たちを訪ねた。グラフの作り方を説明し、各自のパラダイムにあてはめ、曲線を描いてくれるようにたのむと、例外なく、すべての人がほぼ同じ形を描いた。

まず、図2の説明をしておこう。横軸（X軸）は、時間をあらわす。したがって、右に移動するにつれて、時間が経過する。縦軸（Y軸）は、その時点のパラダイムを使って解決された問題の数をあらわす。したがって、各点は、そのときに、問題が新たに解決されたことを意味する。

曲線は、ゼロからではなく、Y軸上の少しゼロから離れた★印からスタートする。これは、

図2

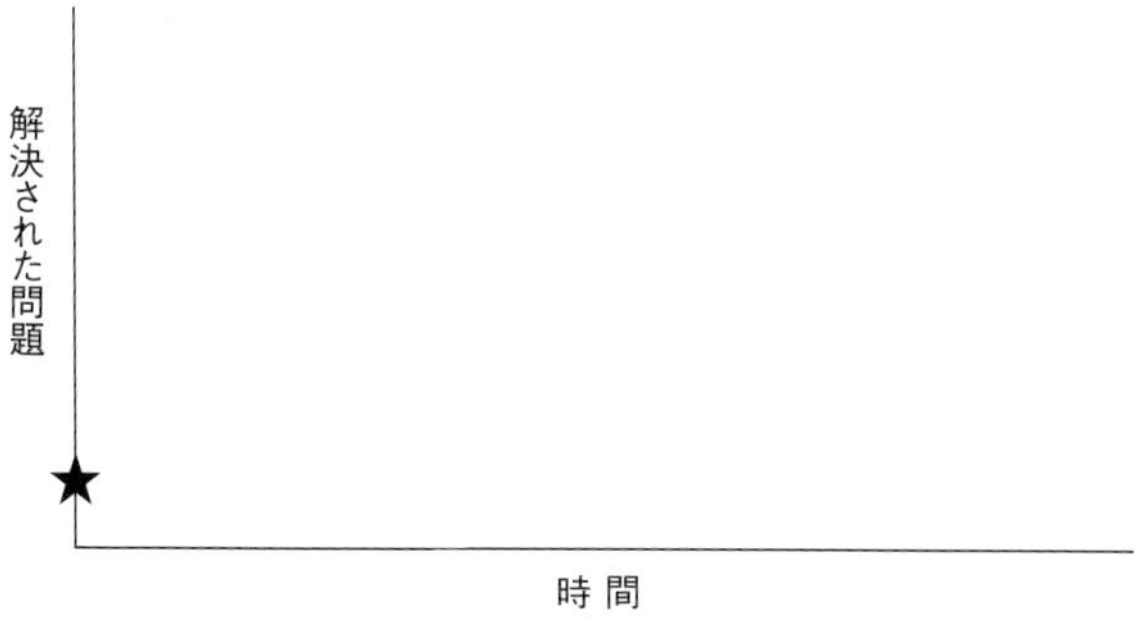


だれかが、奇妙なやり方、つまり、古いルールを使わないで、問題をいくつか解決したことを意味する。

問題を解決した人はつぶやく。「おどろいた。こんなふうにしてできるとは思わなかった」。「手掛かりをつかめたかもしれない」。この言葉は、こう言い換えられる。「問題をいくつか解決できた。同じやり方で、もっとたくさんの問題を解決できるかもしれない。たくさんの問題を解決できる新しいパターン、新しいモデル、新しいシステムを発見したのかもしれない」。ここが、出発点になる。クーンは、こうした新しい問題解決の特殊なカテゴリーを「原型」と呼んだ。

つぎに、図3のフェーズAを見ていただきたい。線はなだらかである。この線は、解決された問題をあらわす点の集まりである。ゆっくりと上向いているのがわかる。この時期、新しいアイデアをもった人に対する反応は、大方こんなものになる。「手掛かりをつか

図3

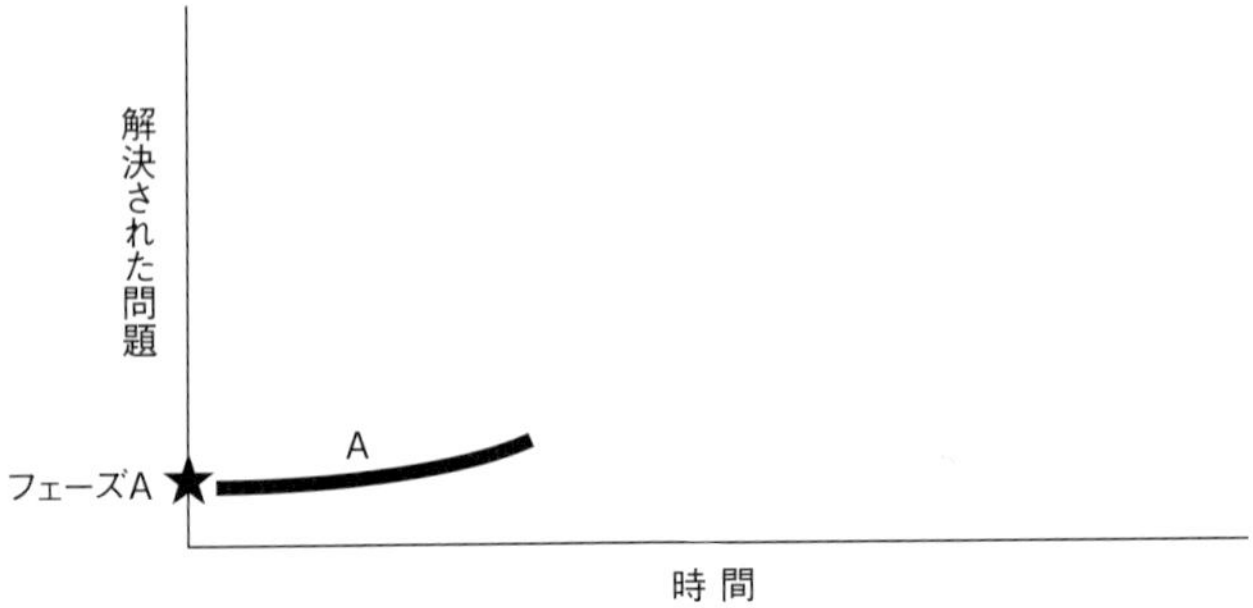


めたと言ったじゃないか。問題をどんどん解決できると言った話はどうした」

新しいパラダイムはなぜ、問題をどんどん解決していかないのか。問題は一挙に解決するのではないかと、だれもが思う。これはいけると思ったのに、なぜ結果が出てこないのか。答えは簡単。「手掛かりをつかめたかもしれない」と思った時点から、新しいパラダイムのルールと規範が正確にわかるようになるまでには、長くて険しい道のりがあるからだ。境界はどこまで広いのか。それがわかってくるまでに、試行錯誤をくりかえさなければならない。境界の中で問題を解決する、もっとも有効なルールは何か。この二つの問いに答えを出すには、時間と努力が必要になる。

フェーズAの勾配はゆるやかだ。問題は少しずつ解決されていくが、ここはまだ、境界がおぼろげに

図4

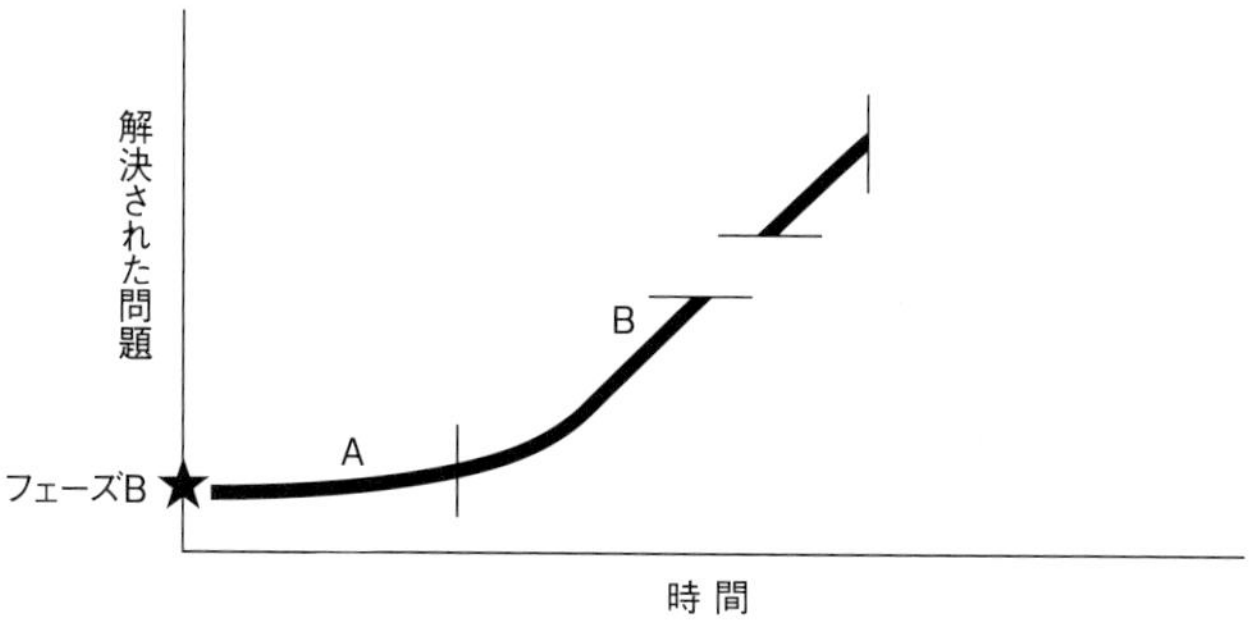


見えはじめ、問題解決のルールを手直ししていく段階である。ルールをよく理解できるようになるまで、問題解決のペースはそう上がらない。そのペースが急速に上がりだすのは、第二段階に入ってからである（図４）。

フェーズＡで新しいルールを発見できたならば、フェーズＢに移行する。フェーズＢで、曲線が急激に上向いているのは、パラダイムが理解されたからである。この段階に入ると、新しいパラダイムを使って解決できる問題をすばやく見つけ出し、新しいルールを適用してすばやく解決できるようになる。

したがって、問題はどんどん解決されていく。開花するとは、こういう時のことをいう。企業が大きく利益を伸ばすのは、こういう時だ。フェーズＢでは、新しい産業が生まれてくる。

現在、環境保護産業はまさに急成長期にある。「大

図5

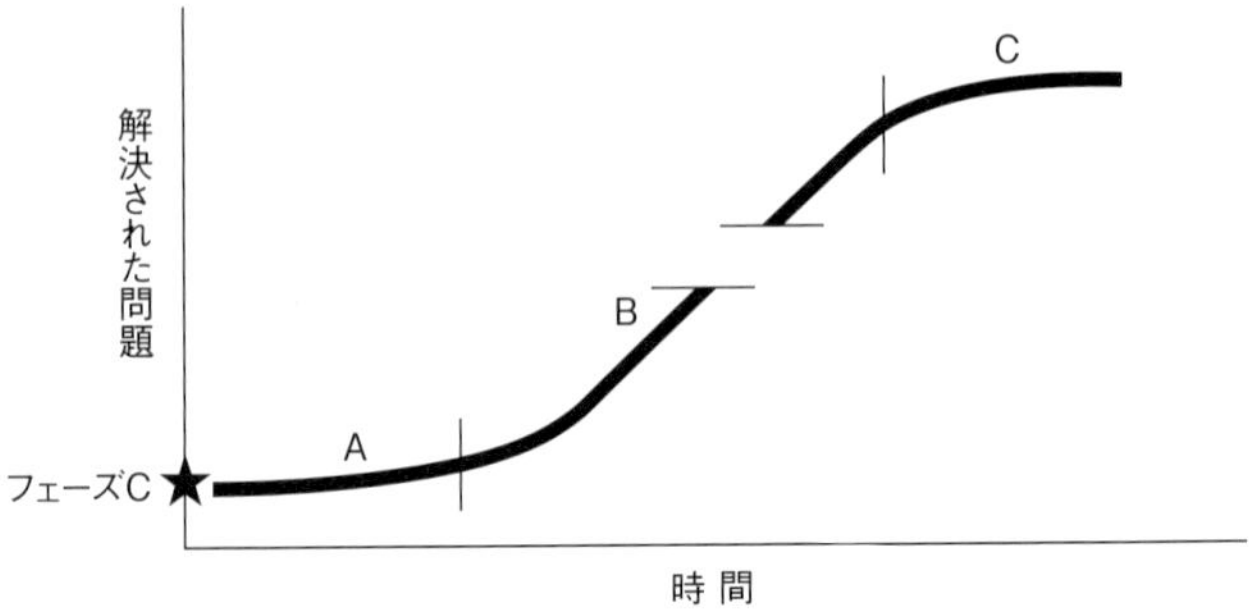


気や水や土壌を汚染から守るのが、ビジネスになるかもしれない」。だれかがそう思いついたのは、一九六〇年代の初めだった。どうすれば環境保護がビジネスになるのか。それがわかるまでには、長い時間がかかった。そして、いまはフェーズBにある。一九九〇年代、廃棄物処理会社、ウェイスト・マネジメント(現在はWMXテクノロジーズ)のような企業が目ざましく成長しているのは、新しいパラダイムが浸透したからである。

VTRもまさに同じ歴史をたどった。アメリカのアンペックスがそれを発明したとき、最初のモデルの重量は五〇キロ以上もあり、価格は二五万ドルもした。その後、日本企業がフェーズAでこのアイデアに注目し、フェーズAからフェーズBに移行するために必要なシステムと技術をみがいていった。価格を下げ、娯楽と教育に利用できるようにするのが狙いだった。

図4で、Bの線が途切れていることにお気づきだと思う。パラダイムによって、解決できる問題の幅は変わってくる。つまり、パラダイムによって、Y軸のスケールは変わってくる。パラダイムが強力であれば、解決できる問題の量は増える。ここに科学のすばらしさがある。科学のパラダイムは、領域を拡大していき、そのために寿命が長くなる傾向がある。量子物理学を考えてみよう。アインシュタインが研究を始めてから九十年近くになるが、このパラダイムはいまも勢力を拡大している。

それに対し、マーケティングのパラダイムは、わずか数年間で次々と消えていく。ひとつのパラダイムで解決できる問題が、あまりに少ないからだ。

図5のフェーズCをみてみよう。問題解決のペースが落ち、問題解決に要する時間が長くなっているのがわかる。

何が起こったのだろう。頭が鈍くなったのだろうか。そうではない。曲線の上のほうに行くほど、むずかしい問題ばかりが残るようになるので、解決のペースが落ちるのは無理もないことなのだ。このときにはもう、簡単な問題はすべて、解決されてしまっている。まず簡単な問題から手をつけるのが、人の常である。問題を解決して給料が増える場合はなおさらだ。むずかしい問題を解決するには、時間もコストもかかるので、自分がいかに有能かを示そうと思えば、なかなか手を出しにくい。このため、むずかしい問題はとかく後回しにされる。フェーズ

Cに入ると、手に負えない複雑な問題ばかりが残っている。その解決に時間がかかるのは当然である。

以上説明してきたのが、パラダイム曲線である。単純だが、パラダイムの寿命を考えるうえでは大いに参考になる。パラダイム曲線は、典型的なS字形曲線である。そうなるのは、当然だ。フェーズAの伸びがゆるやかなのは、ルールを十分に理解できず、適切な応用ができないからだ。フェーズBで伸びが加速するのは、ゲームのやり方がわかり、解決すべき問題が山積しているからだ。そして、フェーズCでふたたび伸びが鈍化するのは、むずかしい問題ばかりが残っているからだ。

それでは、パラダイム曲線のどの地点で、次のパラダイムは現れてくるのだろうか。フェーズCのどこか、と考えるのが常識である。フェーズCでは、厚い壁がはっきり見えてくる。問題解決のコストはきわめて高くなっている。そして、もうこれ以上ひとつも問題を解決できないのではないかと思う。その恐れが原動力になって、新しいパラダイムの模索がはじまる。そう考えるのが、普通だろう。

ところが意外なことに、新しいパラダイムはそれよりもっと早い段階、すなわちフェーズBで現れることが多い。まさかと思うだろう。理屈に合わないからだ。しかし、原動力を理解できれば、ちゃんと筋は通る。

図6

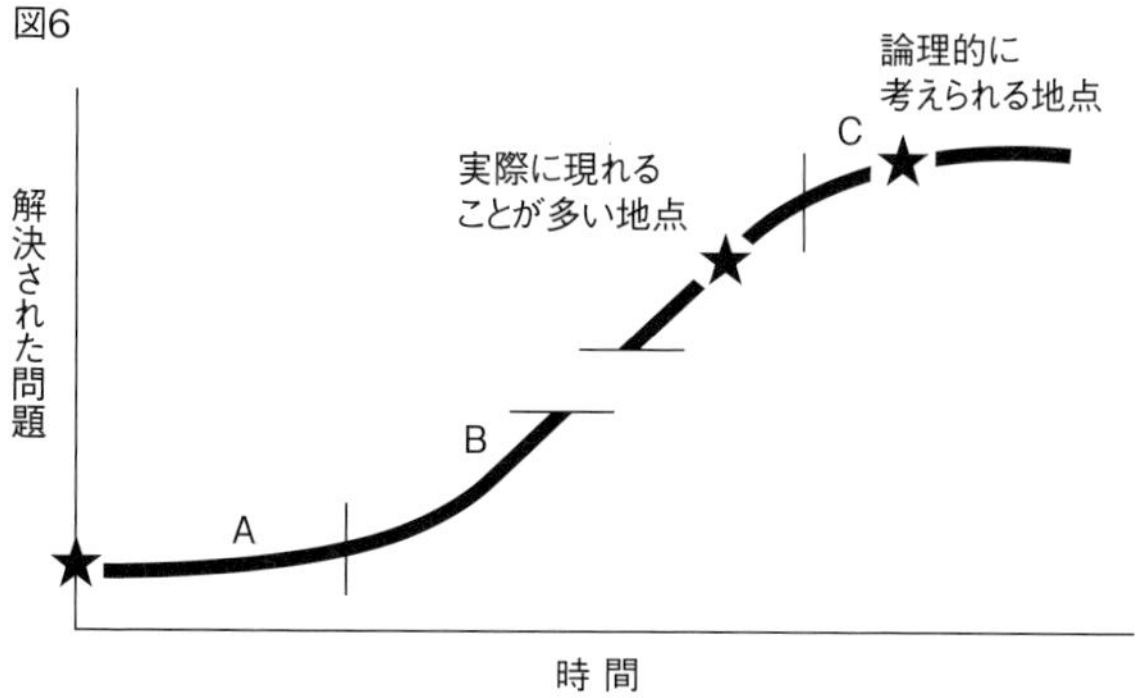


図6をみると、「新しいパラダイムは、必要とされるまえから現れる」と言うこともできる。「求められてもいないのに現れる」と言い換えてもいい。新しいパラダイムがはじめて現われたとき、論理的、合理的に、どのような反応が予想されるだろうか。

もちろん、拒絶反応が起こる。それまでのパラダイムに習熟した人たちにとって、拒絶する理由はいくらでもある。自分たちは何をしてきたか。すばらしい仕事をしてきたではないか。成功のトレンドはどうなっているか。まだまだ上向いているではないか。過去の実績にもとづいて将来を判断すれば、いままで以上に大きな成功をおさめることができる。そうとしか思えない。

したがって、フェーズBのどこかで新しいパラダイムが出てきたとき、それはなかなか受け入れられない。

新しいパラダイムがいつ出てくるかを知っておくことは重要である。それを知らない場合よりも早く、監視態勢に入れるからだ。

## 何がきっかけで、パラダイム・シフトは起こるのか

新しいパラダイムが「いつ」現れるか、それを知っているだけでは十分ではない。何がきっかけで新しいパラダイムが出てきたのか、なぜ、そんなに早く出てきたのかも知る必要がある。ここでまた、トーマス・クーンの著作にもどってみよう。クーンは、わたしたち自身の将来を予見するための重要なカギを提供してくれているからだ。

まず、こう問いかけてみよう。フェーズBが進むにつれ、わたしたちは取り組んだ問題を一〇〇パーセント解決できるだろうか。

答えはノーだ。しかし、だれも完璧を求めてはいない。自分たちのパラダイムに、自信がもてるほど、成功の確率が高くなればいいのだ。野球で十割を打てなくても、くよくよすることはない。

しかし、解決できない問題はどうするのか。それは脇にどけておく。つまり、棚上げしてしまう(図7)。そして、「いつかはきっと解決してやる」と、心に誓う。

科学では、問題がすぐに解決できないもっともな理由が二つあると、クーンは書いている。

図7

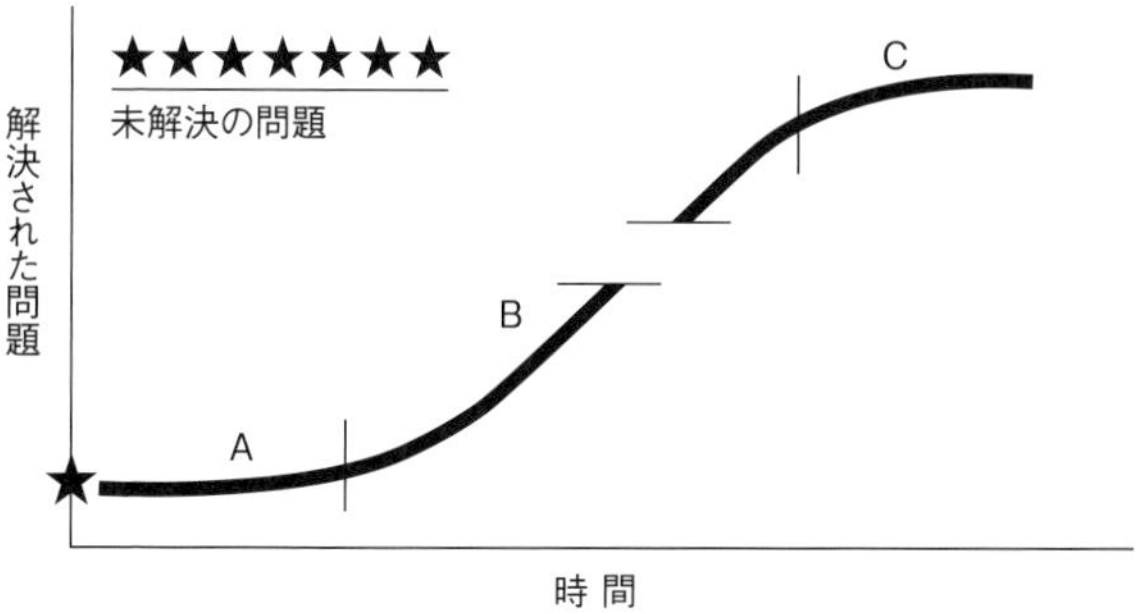


しかし、科学者にかぎらず、それはだれにでもあてはまる。

**理由その1。問題を解決できるテクノロジーやツールがない。**経理を例にとると、コンピューターの表計算ソフト「ヴィジカルク」ができるまで、厖大な表計算に時間がかかり、いろいろと問題があった。以前は、会社の規模にもよるが、検算には数週間から数か月もかかっていた。この問題はどうしても解決できなかった。そこに、新しいツール、「ヴィジカルク」が登場した。「厖大な計算」という問題は棚からおろされた。いくつかのキーをたたけば、あとはコンピューターがすべてをやってくれるようになったからだ。

もうひとつ、例をあげてみよう。ボーイング707型機と原子時計が現れるまで、アインシュタインの相対的理論を実験し、速度がどのように時間に影響をあたえるかを測定できなかった。二つのツールが手に

図8

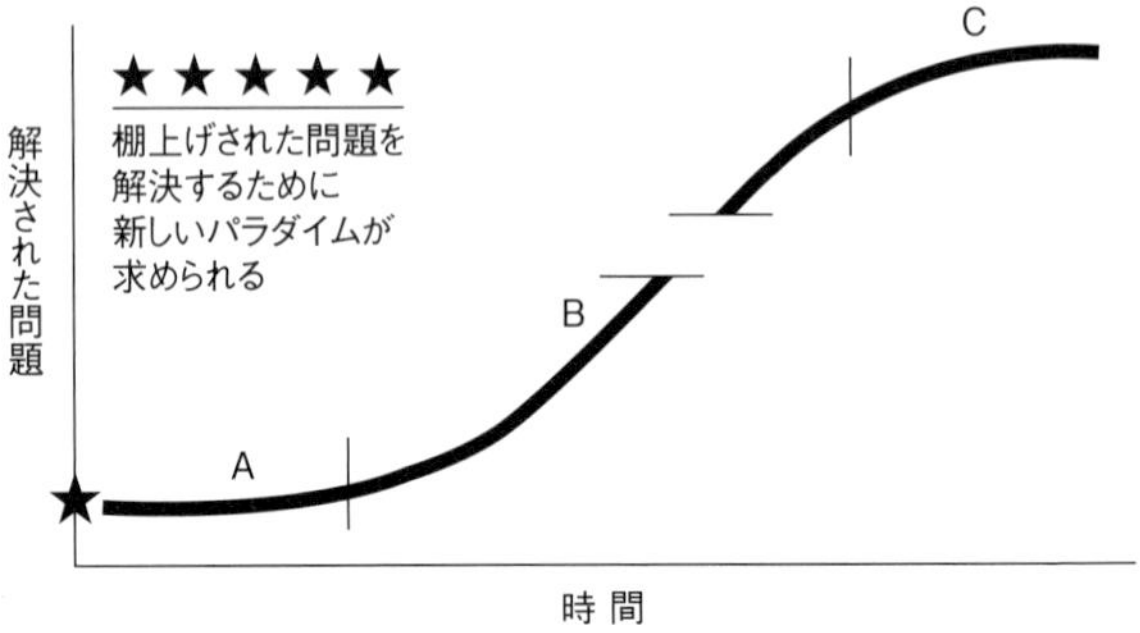


入って、それができるようになり、実際に測定がおこなわれた（その結果、アインシュタインが正しかったことがわかった）。

**理由その2。まだ力が足りない。** まったく手に負えない問題にぶつかることがある。ツールがないからではなく、パラダイムを高度に利用できる能力がないことに原因がある。上手にゲームができるようになるまで、問題は放っておくしかない。これは、フォアハンドでもバックハンドでも強烈なショットを打てるが、試合経験のあさいテニス・プレーヤーに似ている。ゲームに慣れてくれれば、現在の技量では打ち返せないボールも打ち返せるようになる。

わたしたちは現在、四年前にはお手上げだった問題を解決できる。これが、クーンが言っていた成熟ということの意味である。パラダイムの使い方が巧くなるという意味である。

この二つの理由から問題が解決できないのは、うまくいくと思われたパラダイムに問題があるのではなく、技能の使い方とツールの不備に問題がある。これはまったく正しい。図8に示すように、そのときのパラダイムの力で解決しようと、問題は何度も何度も棚からおろされる。しかし、すべての問題が棚からおろされることはない。新しいツールが開発されても、解決できない問題が残る。ゲームにどんなに習熟していっても、解決できない問題が残る。

**そして、やがては、どんなパラダイムでも、同じ分野のすべての人が解決したいと願い、解決の糸目さえ見つからない、きわめて特殊な問題が浮かび上がってくる。**

いったいどうすれば、そんな難問を解決できるのか。

パラダイムを変えれば、解決できる。

別な言い方をするとこうなる。

**あらゆるパラダイムが、新しい問題を発見していく過程で、解決できない問題を浮き彫りにしていく。そして、解決できない問題が引き金になって、パラダイム・シフトが起こる。**

この意味は重要である。トンネルの向こうに、次のパラダイムの明かりが点滅するからだ。しかし、ちらちらするこの明かりが見えないと、かならず判断を間違う。いま使っているパラダイムで、いつかはきっと、残りの問題をすべて解決できると思い込んでしまうからだ。時間とカネの問題にすぎないと勘違いしてしまうからだ。

このため、現在のパラダイムで成功している人は、新しいパラダイムへの探検を開始しなければならないときに、はるか昔のモデルにしがみつくことになる。新しいパラダイムが登場するのは、フェーズCがふさわしいとしか思えない理由はここにある。実際、新しいパラダイムが必要になったと思うのは、この段階である。

新しいパラダイムは、パラダイム曲線のどの地点に現れても不思議はない。フェーズAで現れれば、先行するパラダイムと競争になるのが普通である。どちらが勝つにせよ、かならずといっていいほど、先にフェーズBに入ったほうが勝つ。長い目でみれば、もう一方のパラダイムのほうが多くの問題を解決できる場合でも、フェーズBの先陣争いで勝負はついてしまう。

理由は簡単だ。人はみな、いくら有望でも実証されていないアイデアより、すでに成果をあげているアイデアにカネを注ぎ込もうとするからだ。それに、新しい境界内で、簡単な問題をさっさと解決するほうが、カネになるからだ。

まずは、当面役に立つパラダイムが支配的になる。そして、解決できる問題があらかた解決されて、次のパラダイムの模索がはじまるまで、フェーズBの入口で敗れたパラダイムはじっと出番を待たなければならない。

先行するパラダイムが、フェーズCに入ってかなり時間がたつまで、待たなければならないときもある。しかしこの種の遅れは、探検を阻む人為的な障壁が原因で起こるのが普通である。政府の規制、歪んだ市場、売り手の寡占状態などが原因で、新しい世界を探検しようとする意欲が挫かれるケースが多い。

しかし、将来を先取りしたいと思うなら、フェーズBの後半に入ったら注意が必要である。そのときには、「棚上げ」されたむずかしい問題が山積し、新しいパラダイムの模索が始まっているからだ。

棚上げされているのがどんな問題なのか、はっきりつかむことができるだろうか。それがわからないときは、こう自問してみるのがよい。「自分の専門分野で、同僚のだれもが解決したいと思いながら、解決の糸口さえ見つからない問題がないだろうか」。それがあるなら、問題のリストをつくってみよう。リストが完成したら、どんな問題が棚上げされているのか一目でわかる。このリストがいかに役立つかは、次の章で説明する。

棚上げされた問題がガンになっているケースを、科学以外の分野でみてみよう。法律の分野では、解決不能に思える問題が山積しており、ここ数年間、棚の上の問題は増える一方である。現在のパラダイムでは解決できそうもない問題を三つだけ、紹介しておこう。

・現行の裁判制度では、上訴がくりかえされ、判決が確定するまでにおそろしく時間がかかる。手続きばかりがえんえんとつづき、正義はなかなか執行されない。
・大変な弁護士費用がかかる。自分の身を守れるのは、金持ちだけである。これで公正といえるだろうか。
・ダメでもともとの精神で、賠償金を思いっきりふっかける訴訟が横行している。

それでも大半の法律家は、こうした現状をやむをえないことだと考えている。たしかに厄介な問題はあるが、制度を根本的に変える必要はないというのだ。

パラダイム曲線について、最後にもうひとつ、質問をしてみよう。あなたはいま、曲線のどの位置にいますか。セミナーなどで、こう質問すると、参加者のほとんど全員が、その位置を特定できる。問題解決の新しい方法を見つけ出したときなら、Aの段階にいる。Bの段階にあるなら、問題をどんどん解決できているはずだ。Cの段階にあるとすると、問題はきわめて微妙で複雑になり、それを解決するには大変なコストと努力が必要になっているはずだ。

自分の会社、あるいは業界が、どの段階にあるかがわかれば、将来について考えやすくなり、将来を予見するうえで、貴重なヒントが得られる。

パラダイムはその性質上、いまのままでは到底解決できない問題を浮き彫りにする。この過程を通じて、新しいパラダイムが登場する舞台が整えられる。あるパラダイムが最盛期と思えるときに、すでに交代の種は撒かれ、芽が出はじめてくる。そのパラダイムではもう先が見え、それを変える人、「パラダイム・シフター」の登場が待たれているのだ。

# 第5章 だれがパラダイムを変えるのか

## ▼必要になってから、変わり者をさがしても遅い

パラダイム曲線については、よくわかった。現行のパラダイムでは解決できずに棚上げされた問題が引き金になって、新しいパラダイムが登場してくることはわかった。現行のパラダイムがまだ十分に成果をあげているときに、新しいパラダイムが出てくる可能性が高いことも、よくわかった。

それでは、だれがパラダイムを変えるのだろう。

簡単に言ってしまうと、アウトサイダーである。現行のパラダイムを細かい点まで十分に理解していない人、場合によっては、パラダイムをまるで理解していない人である。

クーンは『科学革命の構造』で、パラダイム・シフターには二種類あると書いている。わたしはそれに、珍種に属する三種類目と、奇才ともいえる四種類目を加えたいと思う。どんな分

野でも、かならずそんな人がいるものだ。現状に風穴をあけるのは、そういう人たちである。

パラダイム・シフターについて詳しく説明するまえに、すこし立ち止まって、アウトサイダーであるというだけで、その人たちが直面するジレンマを考えておきたい。将来への道をひらいてくれるのは、こうした人たちだ。しかし、アウトサイダーというのは、どれだけ信頼されるものだろうか。まるで信頼されないだろう。彼らはあなたがやっていることを理解できず、あなたが苦労して築き上げてきたものを根本から変えろと言う。

アウトサイダーは自分が何様だと思っているのだろう。身のほどをわきまえていないのではないか。アウトサイダーがすばらしいアイデアをもってきたとき、わたしたちはよくこんなセリフを口にする。

「そんなことは不可能だ」

「ここではそんなやり方は通用しない」

「そこまで変えるのはやり過ぎだ」

「それと同じようなことをまえに試してみたが、うまくいかなかった」

「そんなに簡単にできれば、だれも苦労はしない」

「そんなやり方は、わが社の方針に反する」

「もうすこし経験をつめば、おまえさんにもわかるようになるさ」

「だれがルールを変えていいと言ったんだ」

「なあ、現実的になろう」

「わたしたちのやり方が間違っているなんて、よくも言えたものね」

会社の古株はよく、新人を前にこんなことを言う。

「おれと同じくらい経験を積めば、なんて馬鹿なことを考えていたんだと思うようになる」


超電導体にセラミックスを使おうという発想ほど、馬鹿げたものはなかった（そして、そう考えた人はノーベル賞をもらった）。小さな電炉で、スクラップから圧延鋼をつくろうという発想ほど、馬鹿げたものはなかった（それは、鉄鋼業界のありかたを根本から変えてしまった）。ひとり一台もてるような安いコンピューターをつくろうという発想ほど、馬鹿げたものはなかった……。もう、おわかりいただけただろう。馬鹿げていると思われたことから、新しい産業が生まれ、まったく新しい研究がスタートし、革命が始まる場合がある。

アウトサイダーに拒絶反応を起こすには、それなりの理由があることを心にとめておくべきだ。現行のパラダイムで仕事をしている人は、成功している人である。現状をみれば、変える必要など何もない。問題解決曲線はまだ上昇を描いている。自分は懸命に努力しているし、どう考えても、やり方が間違っているとは思えない。だから、やり方を変えろというアウトサイダーが現われたとき、その意見に耳を傾けるのはむずかしい。

それでは、パラダイム・シフターの四つのカテゴリーをみていこう。

## カテゴリー1　研修を終えたばかりの新人

この人たちは、パラダイムを勉強したが、まだ実践には活かしていない。そして、研修と実践が違うことは、だれもが知っている。「実際にどんなやり方をしているか、教えてやろう」と、新人に言う。「実際のやり方」というのは、通常、研修で教えるものより、はるかによいやり方である。現実の世界で十分に試された技術を使っている。わたしは、からかって言っているのではない。実践でみがかれた技術は、ほとんどの場合、パラダイムを巧みに応用できるように洗練されている。

しかし、若くて無知だったからこそ、大きな仕事をできた人がいる。アルバート・アインシュタインがそうだ。翌日着の宅配便で急成長したフェデラル・エクスプレスの創業者、フレッド・スミスがそうだ。アップルコンピューターをつくったスティーブ・ジョブズとスティーブ・ウォズニアクがそうだ。創業者のリストをめくっていけば、この種の例はいくらでも見つけることができる。

## カテゴリー2　違う分野から来た経験豊富な人

四十歳以上の人にとっては、うれしい話である。パラダイムを変えるのに、年齢は関係ない。このカテゴリーに入る人は、別の分野で高度な技術や知識をもっている可能性がある。いまの職業に就くまえは、化学者だったり、マーケティングの専門家だったり、英語の教師だったりする。そして、何かわけがあって、それまでの分野とまったく関係のない職業を選んだ人たちだ。

一九八七年にノーベル賞を共同受賞したアレックス・ミュラーが、その典型例である。ミュラーは高名な物理学者で、超電導の専門家ではなかった。一九八七年八月十九日のウォール・ストリート・ジャーナル紙に、ミュラーのこんな発言が引用されている。「超電導の専門分野では、わたしは新米でアウトサイダーだった」

製造業に計り知れない影響をあたえ、総合的品質管理の神様といわれるW・エドワーズ・デミング博士も、アウトサイダーだった。博士は統計学者である。そして、普通の人なら、生きているだけで幸せと思う年になっても、世界中をかけまわり、耳を傾けるすべての人に品質管理を教えている。デミング博士は一九〇〇年生まれである。

以前ＩＢＭにいたビル・ワイマーは、大学では物理学を専攻した。カリフォルニア支社では、システム・エンジニアからマーケティング担当に移り、一九七〇年代後半には、ＩＢＭの一部門であるＧＳＤの技術教育を担当した。その五年後、予算ゼロ、実質上部下もなしで、組織内で教師をみつけ、訓練し、動機づけする、まったく新しい方法を考えだした。

最終的には、二百人を超える部下と三千万ドルを超える予算を使うようになったが、会社の組織として、そういう部署があるわけではない。ワイマーの手法と発想は、実業界のすみずみにまで浸透しはじめている。ワイマーもまた、ちがう分野を渡りあるく老練なアウトサイダーの力をみごとに示してくれた。

ここで少し立ち止まって、以上の二つのカテゴリーの人がもつ強みに、どんな共通点があるか考えてみよう。ひとつは、入ってきたばかりの分野について、経験が乏しいことだ。一員になりたいと思っているパラダイム共同体の微妙な点について、知らないことがたくさんある。もうひとつは、何ができないかを知らないことだ。これが強みになるとは、不思議に思う方もいるかもしれない。しかし、これが強みになる。できないと知らなければ、やってしまうことがあるからだ。

こうした人たちの大きな強みが、一種の無知であることがわかる。無知という言い方に問題があるなら、無邪気とか純真とか言い換えてもいい。彼らは「とんでもない」質問をする。「知っている」人が当然と考えている行動様式やアプローチが不思議なものに映る。禁止事項を知らないから、現在のやり方に手をつけてはいけないとは思わない。

そして、次の点が重要なのだが、そうした人たちはどこの組織にもかならずいるものである。新しく会社に入ってきたり、ほかの部署から転属になってきたりする。しかし、その人が目の前に現われたとき、その価値を見抜くことができるだろうか。できない。訓練し、予備知識をあたえ、仕事のコツを教え、基本をたたき込む。それが終わってはじめて、組織にとって役立つ人間になるだろうと考える。

それでどうなるか。「予備知識をあたえた」とたん、大事な財産を失ってしまうのである。

現在のパラダイムでは解決できず、棚上げされている問題のリストをつくることを前章で勧めたのを、思い出していただきたい。そのリストがここで生きてくる。新人のアウトサイダーの無知を利用するには、そのリストが欠かせない。

アウトサイダーが目の前に現われたとき、まず最初にやるべきことは、リストから問題をいくつか取り出し、それを解決するよう指示することだ。問題は一つではダメだ。一つでは、パターンを発見できない。十も二十も取り出しては多すぎる。新人は怖じ気づいてしまう。三つから六つの間が望ましい。それくらいの問題を取り出し、ただちに解決するよう新人に指示するのだ。解決の期限を、一週間以内とか、十日以内とか、はっきりさせておくのがよい。

**そして、研修は控えめにやったほうがいい。**

「正しい」やり方ではやらないチャンスを新人にあたえるべきだ（「正しい」やり方では、うまくいかないことはわかっているのだから）。そして、部署にいるすべての人に、よく言い含めておかなければいけない。あたえられた問題が解決不可能などと、絶対に新人に言ってはいけないと。だれかがそんなことを言ってしまえば、新人はからかわれているのだろうと思い、本気になって問題に取り組もうとはしなくなる。

こんな方法で、ほんとうにうまくいくのだろうか。新人がパラダイム・シフトをもたらす確率はどれくらいあるのか。ほとんどゼロかもしれない。現実的になろう。そういう人間が百人に一人いればいいほうで、普通は千人に一人くらいだろう。

ならば、これは時間の無駄だろうか。いや、無駄ではない。千人に一人しかいないとしても、その一人が計り知れない価値をもっているからだ。さらに、突破口をみつけようと苦しんでいるときに、あなたが管理職なら、二つの重要なテクニックを学ぶことになる。境界の外にいる人間から貴重なヒントを引き出すテクニックと、リスクをおそれずに仕事に取り組む姿勢を部下に植えつけるテクニックである。このテクニックが身につけば、探検に乗り出す気風を職場につくりだすことができる。探検の苦労はいつかかならず、報いられるにちがいない。

新人のアウトサイダーがどんなにすごい力をもっているか、二つの逸話を紹介してみよう。一つは伝聞で、もう一つは実話である。

一九三〇年代、ゼネラル・エレクトリック（GE）では、電球部門に新しく入ってくるエンジニアに、一種のしごきをしていたそうだ。それは、こういう話である。新人は仕事を始めるまえに、まず部長と面接する。部長はそのとき、電球をつけ、新人の目の前にかざしてこう言う。

「電球の中に、赤くなっているところがあるだろう（当時、電球にコーティングはされていたが、中のフィラメントは見えた）。きみの仕事は、照明がなめらかになり、電球の表面全体がむらなく輝くような新しいコーティング方法を開発することだ」

あたえられた任務ははっきりしており、新入りのエンジニアはさっそくこの問題にとりかかる。しかし、それはできないことを、だれもが知っていた。数週間苦闘をつづけたあと、新人は敗北を認める。すると、仲間はうれしそうに笑う。先輩たちもみんな、それができなかったのだ。そして、新人は、あたえられた仕事ができっこない仕事だったことを告げられる。

入会儀式ともいえる新人いじめは長い間つづいたが、一九五二年、新入りのエンジニアが部長のところにやってきて、電球をソケットにさしこみ、スイッチをひねった。「これでいいんでしょうか」。部長は電球をまじまじとみつめ、「そうだ。よくやった」と言ったそうだ。

新人いじめは、このとき終わった。入会儀式は死んだ。そして、電球の内側をコーティングする新しい方法が開発されたのである。

この話がほんとうだとすれば、ＧＥは意図に反して、正しいことをやっていた。熟練したエンジニアが解決の糸口さえ見つけられない問題の解決に、新人の無知を利用したのである。これが実話かどうか、わたしは確認していない。しかし、次に紹介する話は、実際にあったことである。

一九八〇年代後半、わたしは何度かマリオット・コーポレーションから、セミナーの講師に招かれた。ホテルの総支配人を前に話をするとき、わたしは、不可能と思える問題の解決には、新人を起用することを勧めていた。そして、一九九〇年の春、あるコンサルタントを訪ねる必要があって、ボストンの北、バーリントンにあるマリオット・ホテルに行った。

中に入っていくと、総支配人がわたしに気づき、興奮した面持ちで近寄ってきた。「突破口を見いだすには、新人を使えとおっしゃったのを覚えていますか」

わたしがうなずくと、こんな話をしてくれた。

セミナーから帰ると、わたしの提言をさっそく試してみることにし、新人の研修生を集めて、こう言ったというのだ（内容は、読みやすいように、わたしが若干手を加えている）。

「みなさんは、わたしの新しい目であり耳なのです。今後数週間、このホテルの中で奇妙に思えることをさがしてください。そして、どうすれば改善できるのか、考えてください。現在、わたしたちが解決しようとしているのとまったく違うやり方で、問題を解決する方法を考えてください」

そして、何か思いついたら、自分の部屋に来るように告げた。総支配人は毎日、新人の話を聞くために、午後の時間をあけておいた。

ただ、それだけのことである。それで、何が起こっただろうか。その後六か月間に得られたすばらしいヒントは、それまでの六年間より多かったというのである。

さらに、新人の活躍があまりに目ざましかったため、刺激された古顔たちが、事態改善のアイデアをもって、総支配人の部屋をさかんに訪ねてくるようになったというのである。

どうして、こんなにうまくいったのか。答えは簡単である。知識不足の力と人間の創造力を巧みに使ったからである。古いルールでは、知識を十分に身につけるまで、まともな仕事はできないということになっている。それは間違っている。いつでも、すばらしい仕事をできるのだ。

## カテゴリー3　一匹狼

これはインサイダーであり、現在のパラダイムで仕事をし、どんな問題が棚上げされているのかを知っており、現在のパラダイムではそれを解決できないことを知っている人である。そして、真っ先にパラダイムを変えようとする人である。

こうした人は、たいてい本流からはずれたところで仕事をしている。一匹狼、わからず屋、質問魔、変わり者と呼ばれる人たちである。そして、ほとんど例外なく、こうした人たちは、危機が発生するまで相手にされない。

**この人たちの強みは、パラダイムを熟知しているが、それにとらわれていないことである。**

こうした人たちは、いることはいるが、そうめったにはお目にかかれない。モトローラの歴史の中で、一匹狼は二回出現した。ガルビン家が会社のトップにいて、この役割をはたした。最初は、モトローラを創設したポール・ガルビンである。ポールは、ラジオが居間にどっかと置かれる大きな箱だったときに、カーラジオを開発した。そして、息子のロバート・ガルビンは、モトローラを家電メーカーから半導体メーカーに変身させた。父も子も、古いパラダイムをよく知っていたが、会社を繁栄させるために、そのルールを破ることをおそれなかった。

ミネソタ州セントポールに本社がある3Mは、かつて、セロハンテープで市場を支配していたが、その特許が切れたとき、新しいパラダイムを導入してマジック・メンディング・テープを作りだし、それでまた市場を支配した。

どちらも、外部からではなく、内部からパラダイム・シフトが起こったという点で、めずらしいケースである。

どの会社でも、重大な岐路にさしかかったときには、こうしたルール破りが必要になる。そういう人を見つけるのはむずかしいし、見つかったとしても、使いこなせない場合が多い。

## カテゴリー4　よろずいじくりまわし屋

この種の人間は、科学やテクノロジーの分野にもいるはずだが、トーマス・クーンはこのカテゴリーに気がつかなかった。

いじくりまわし屋は、棚上げされている問題に好きこのんで取り組む。それが特別な問題だとは知らず、ただそこに問題があると思っている。現在のパラダイムでは解決できない大問題に挑戦しようという意識はない。その問題が行く手を阻んでおり、それを解決しなければ先に進めないと思っているだけである。

だから、どんどん問題に取り組む。たいていは失敗する。そう簡単に解決できる問題ではないからだ。しかし、ときには、問題をひとつ解決してしまうことがある。そして、そんなつもりはなかったのだが、問題がひとつ解決すると、新しい前例ができ、それが、モデル、理論、アプローチ、ひいてはパラダイムを生み出し、山積していた問題を一挙に解決してしまうことがある。

コンピューターの表計算ソフトの登場で、経理のやり方は一変したが、だれがそんな革命を起こしたのだろう。アーサー・アンダーセンの専門家か。アーンスト&ヤングのベテラン会計士か。それとも、ハーバード・ビジネス・スクールの教授だろうか。ちがう。それは、会計のことなどほとんど知らない若いコンピューター・プログラマーだった。小さなアップル・コンピューターを使って、複雑な足し算や引き算をやっているうちに、ひょっとしたら会計に役立つかもしれないと思いついたのだ。そこで、プログラムの作成にとりかかり、それをつくっているあいだ、自分が間違っていないことを確認するために、会計学の教科書をずっとそばに置いておいた。こうしてできあがったのが、「ヴィジカルク」だった。いじくりまわし屋の典型例である。

十九世紀後半、電話システムに革命を起こしたのも、いじくりまわし屋だった。名前はアーモンド・B・ストロージャー。オペレーターなしで電話を接続できる交換機システムを発明し、特許をとった人である。

職業は、葬儀屋だった。

当時の最先端技術に革命を起こすのに、なんともイメージに合わない職業ではないか。しかし、革命を起こさなければならないわけがあった。ストロージャーが住んでいたカンザス・シティに電話がひけたことから、すべては始まる。市内に電話が普及するにつれて、商売が思わしくなくなってきた。それまでは、市内でおこなわれる葬儀の半分以上をあつかっていたのに、だんだん注文が入らなくなってきた。何か問題がある。いろいろ考えたすえ、電話が原因にちがいないとにらんだ。

そこで電話会社に行き、事情を説明した。そんな馬鹿なと、だれもが思うだろう。電話の普及と葬儀屋の商売不振と、いったいどんな関係があるというのだ。

ところが、関係はおおありだった。オペレーターを研修するヘッド・オペレーターがなんと、ライバルの葬儀屋の妻だった。どういう研修をしていたかというと、葬儀屋につないでくれという電話がかかってきたら、かならず、自分の夫の会社につなぐよう仕込んでいたのだ。

これでは何とかしなければならない。ストロージャーは、以前のシェアに従って、自分のところにも電話をまわしてくれるよう頼んだが、拒否された。

仕方なく引き下がったが、問題がどこにあるかははっきりした。さんざん考えたあげく、やらなければならないことがわかった。オペレーターを通さずに、直接、自分のところに電話がかかってくる方法を考えださなければならない。

一八八八年、ストロージャーは、自動交換機と回転式ダイヤルの特許をとった。この問題解決は、山積していたその他の問題を一挙に解決することになった。そして、それから百年以上たった今日でさえ、世界のいたるところで、ストロージャーの発明品が使われている。

四つのカテゴリーの説明はこれで終わり。三種類がインサイダーとアウトサイダーの両面をもつ人、一種類が完全なアウトサイダーである。どのタイプの人もまれであり、貴重であり、そう簡単には見つからない。目の前に現れても、相手にしないことが多い。そういう人を自分たちと同じ人間にしようとし、陰ではさんざん悪口を言う。しかし、とくにインサイダーでありながらアウトサイダーの性質をもっている人は、すばらしいチャンスを提供してくれる。わたしたちは、そういう人たちを知っているのだから、あとは耳を傾ければいいのである。

しかし、なかなかそうはしない。どこの会社でも、こんな光景がよく見られるのではないだろうか。

わたしが、ある有名企業の研究所でレクチャーをしたときのこと、アウトサイダーについての話を終えて、休憩をとった。すると、ひとりの女性がやってきて、こう言った。「アウトサイダーについて、言い忘れていることがあります。わたしたちはとても弱く、すぐに挫けてしまうのです」

なるほど、いい指摘だと思ったので、わたしはこうたずねた。「『わたしたち』とおっしゃいましたね。ということは、あなたはアウトサイダーなわけですね。何があったのです」。その女性は、次のような話を聞かせてくれた。

その人は三年前に入社した。そして、入社して一か月ぐらいたったころ、「ビッグ」アイデアを思いついた。「どれぐらいビッグだったのです」と聞くと、「五億ドルぐらい価値のあるアイデアだった」という。

すっかり興奮し、アイデアをレポートにまとめると、部長に電話をかけた。お話したいことがあると言うと、部屋に来てくれという返事だった。部長は「新しい人と話をするのは大変に楽しい」と言っていた。

部長の部屋に行って、最初の数分間は世間話のようなものをした。まず、お互いのことをよく知るというたぐいのおしゃべりだ。そして頃合いをみはからって、レポートを取り出し、アイデアの説明を始めた。

話を進めていくうちに、部長の機嫌はどんどん悪くなっていった。数分もしないうちに、部長は立ち上がり、机をまわってきて、彼女からレポートを取り上げ、腕をつかみ、ドアのところに連れていった。

ドアのところで、部長はこう言った。「きみが五年間ここで働いている人だったら、わたしがもっと話を聞いたということをわかってほしい」。そして、彼女を廊下に送り出したというのだ。

わたしは同情した。そこで、そのアイデアがどうなったのか聞いてみた。すると、自分が考えていたのとそっくりの製品を、ライバル会社が発表したというのである。わたしは声も出なかった。休憩時間が終わり、そのひとは自分の席に帰っていった。

「わたしはそのアイデアより、もっとすばらしいアイデアを六つもっています。だけど、まだ勤めはじめてから五年たたないのです」。その言葉が忘れられない。

革命的なアイデアを思いつく彼女のように頭のいい人は、ゲームのやり方も十分心得ている。そして、彼女の会社では、五年間勤めて実績をつまないかぎり、すばらしいアイデアなど思いつくはずがないというのが、ゲームのルールになっているのだ。


**すばらしいアイデアがひらめくとき、それは仕事の初日である。その次に、すばらしいアイデアがひらめくとき、それは会社を辞める日である。**


この問題を締め括るにあたって、インサイダーの抵抗が強い背景には、もうひとつ理由があることを認めざるをえない。それは、インサイダーが新しいパラダイムを拒絶する三番目に大きな理由である。現在のパラダイムに満足している人が、そのパラダイムにおこなってきた投資と関係がある。

パラダイムを変えようという人は、現在のパラダイムに注ぎ込んできた投資を忘れろと言っているのである。そのとき、投資によって、どんなものを得ているだろうか。

1　多くの重要な問題を解決する力。
2　問題を解決できる有能な人物としての高い評価。
3　それなりの報酬（パラダイムをいかに巧く使いこなせるかによって、給与が支払われているケースが多い）。
4　自分のパラダイムを使いこなす能力が生んだ肩書と地位。

アウトサイダーは、苦労してつかんだこうしたものをすべて放棄しろと言ってくるのだ。アウトサイダーから新しいパラダイムを提案されたとき、「いいことを言ってくれた。さっそく自分を変えなくては」とは、なかなか言いにくい。「あんた、自分が何様だと思っているの」。そんな反応を示すのが普通だろう。

**新しいパラダイムは、古いパラダイムで生きているすべての人に、大きなリスクを負わせる。その人の地位が高いほど、リスクは大きくなる。現在のパラダイムに習熟しているほど、投資したものが大きいほど、パラダイムが変わって失うものは大きい。**

アウトサイダーは現在のパラダイムに、いったいどれだけ投資しているだろうか。彼らへの信用と同様、それはゼロである。したがって、新しいパラダイムをつくりだして、失うものは何もない。得るものしかない。このことに気がつかないと、パラダイム・シフトを促進する力、阻害する力について、判断をまちがうことになる。

このことは、どんな分野でもいえる。テクノロジーであれ、ビジネスであれ、教育であれ、内部で高い実績をあげた人が、重要なイノベーションをやったことが、はたしてどれくらいあるだろうか。ほとんどない。古いパラダイムを使って成功していれば、方向を転換し、新しいルールをつくって、自分の首を絞めようなどと思うはずがないからだ。すでに習熟したものに磨きをかけていくほうが、はるかに意味がある。

それでは、イノベーションはどこからやってくるのだろうか。それは、周辺からやってくる。奇妙に思えるかもしれないが、理屈からいってそうなる。「できない」ことを知らないアウトサイダーがいる所からやってくる。

アウトサイダーについて、最後にぜひとも付け加えておくべきことがあるとすれば、次のようなことだろうか。

**だれが、すばらしい将来を自分にもたらしてくれるかはわからない。学歴、経験、性別、人種をみたってわからない。ただ耳を傾けるしかない。**

耳を傾けることが、どんなに大切か。それがわからないうちは、人とアイデアを拒絶しつづける。どんなに理性的に判断しても、そうならざるをえない。

寛容と忍耐が必要になる。とんでもない人がとんでもない話をもってきたとき、心を開かなければならない。心を開いてはじめて、画期的なアイデアを最初に耳にできるチャンスがひろがる。そして、パラダイムを変えようとする人の話を最初に聞けるかどうかで、大きな差がつく。

# 第6章 だれがパラダイムを開拓するのか

▼「そっちに行っても大丈夫か」

開拓者と移住者はどこが違うか。いつも地平線に向かって、「そっちに行っても大丈夫か」と問いかけているのが移住者。「もちろん、大丈夫だ」と答えるのが開拓者である。開拓者はリスクをおそれず、ひとより先に出発し、新しい土地を安全なところにしている。

現代の開拓者なら、こう言いだすだろう。「どうです。土地をすこし買いませんか」

**パラダイム・シフターが発見した未開の道を、まっさきに突き進むのがパラダイムの開拓者である。**

パラダイム曲線でいえば、フェーズAの後半、またはフェーズBの初期に、開拓者は姿を現す。

図9

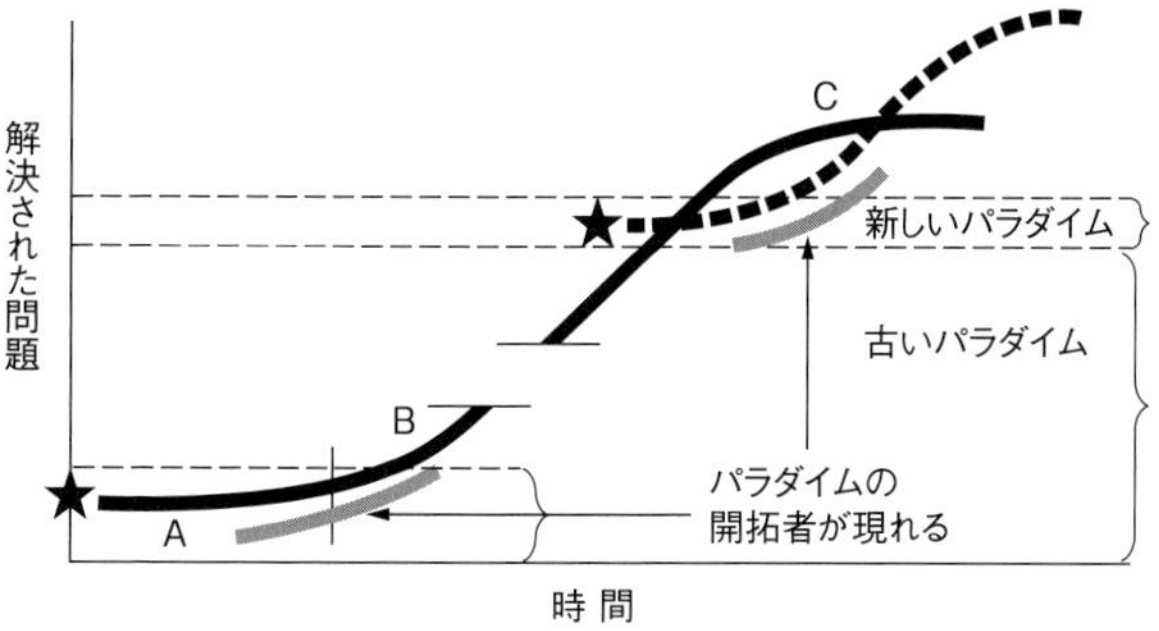


パラダイムの開拓者がいなければ、パラダイム・シフトは挫折する。新しいパラダイムがフェーズAからフェーズBに進むのに絶対に欠かせない知力、体力、時間、努力、資本を提供するのが、パラダイムの開拓者だから（図９参照）。

パラダイムを変える人は、触媒の役割をはたし、現在のパラダイムに満足している人たちのものの考え方を刺激する。みんな、棚上げした問題を解決しなければならないことはわかっている。しかし、解決できそうもないと思っている。そして、困難な重要な問題について、パラダイムを変える人が新しい考え方を提供していることを知っている。それでも、現在のパラダイムを守ろうとする。まだ十分に成功しているからだ。

このどっちつかずの時期に、数は少ないが、それまでのやり方を変え、ぼんやり影がみえてきた新しいパラダイムに接近する人が出てくる。こんなことを言いだす人が、ちらほら出はじめる。

「新しいルールはまだ漠然としているけど、考えれば考えるほど、こっちのほうがうまくいきそうな気がする」

「手に負えない問題に取り組むには、こっちのルールのほうが、どこかしっくりする」

「このやり方のエレガントなところがいい」

「なんだかよくわからないが、すごいことがありそうな気がする」

パラダイムの変化は量的な変化ではなく、質的な変化なので、新しいパラダイムを判断するときには、こんな曖昧な言い方しかできない。判断というより、「直観」といったほうがいいかもしれない。この種の意思決定をくだすときには、ピンとくるとか、勘とか、ひらめきとか、ゲシュタルトとか、いろいろな言い方がされるが、わたしは直観がいちばんいいと思う。直観的判断。これは、データが不足しているときに、正しい決断をする能力である。

トーマス・クーンは、新しいパラダイムをいちはやく取り入れる人には、この種の判断力が絶対に欠かせないと書いている。

「早い段階で新しいパラダイムを取り入れる人は、ほんとうに問題を解決できるのかどうかわからないときに、決断しなければならないことが多い。つまり、確実にわかっていることといえば、古いパラダイムでは解決できない問題がいくつかあるということだけである。新しいパラダイムを取り入れれば、たくさんの大問題を解決できるという信念をもっていなければならない。この種の決定は、信念がなければ、くだせるものではない」（傍点は筆者）

パラダイムの開拓者に、新しいパラダイムに切り換える理由を説明してみろと言っても、開拓者はデータを使って説明することはできない。データはないからだ。

**開拓を決断する本質は次のことにある。ひとよりも早くパラダイムを変えようと思い立つ人は、頭でそう判断するのではなく、心で判断する。**

「失敗は成功のもと」という格言に励まされ、開拓者は、非合理的な決断をして、名声、地位、そして収入さえも危険にさらす。開拓者は、新しいパラダイムの不思議な魅力にひかれ、問題を解決できそうだという美しい幻影にひかれて決断するのであって、問題解決の実績にもとづいて決断するのではない。

古いパラダイムにはもう我慢ができず、新しいパラダイムに心を奪われ、一線を越えるのだ。住み慣れた土地であり、名声も地位も確立している古いパラダイムをあとにし、上陸するところが広大な大陸の先端か、小さな島かさえわからない新しい土地、新しいパラダイムに旅立つ。図9の曲線をもう一度みてほしい。どの地点に来たら、新しいパラダイムに乗り換えるのが賢明な判断なのか、それを裏付ける根拠がどれだけあるだろうか。

答えはいつも同じ。十分な根拠はない。

しかし、開拓者は旅立つ。なぜ。どうして、正しい決断をしたと思うのか。直観と呼ぶ以外に説明のしようがあるだろうか。

こうした決断をくだした人たちに話を聞いてみると、やはりそれなりに考えていることがわかった。新しいパターンや新しいモデルが正しいと判断できるのは、頭の中でシミュレーションをやっていたからだ。さまざまなパラダイムを思い描き、それをひとつひとつ試していく。頭の中でモデルをつくり、いくつかの選択肢の中から、正しいと思える新しいパラダイムを選んでいたのだ。

これができない人は、何が起こったのか理解できない。真の開拓者と、単なる向こう見ずとを隔てるものは、頭の中でシミュレーションをおこなう能力だった。

開拓者はいちはやく新しいパラダイムに気がつくので、競争上、断然優位に立つ。パラダイムの開拓者になれば、大きな報酬が期待できるのだ。

しかし、直観だけでは十分ではない。新しいパラダイムがだれの目にもはっきりしてくると、

図10

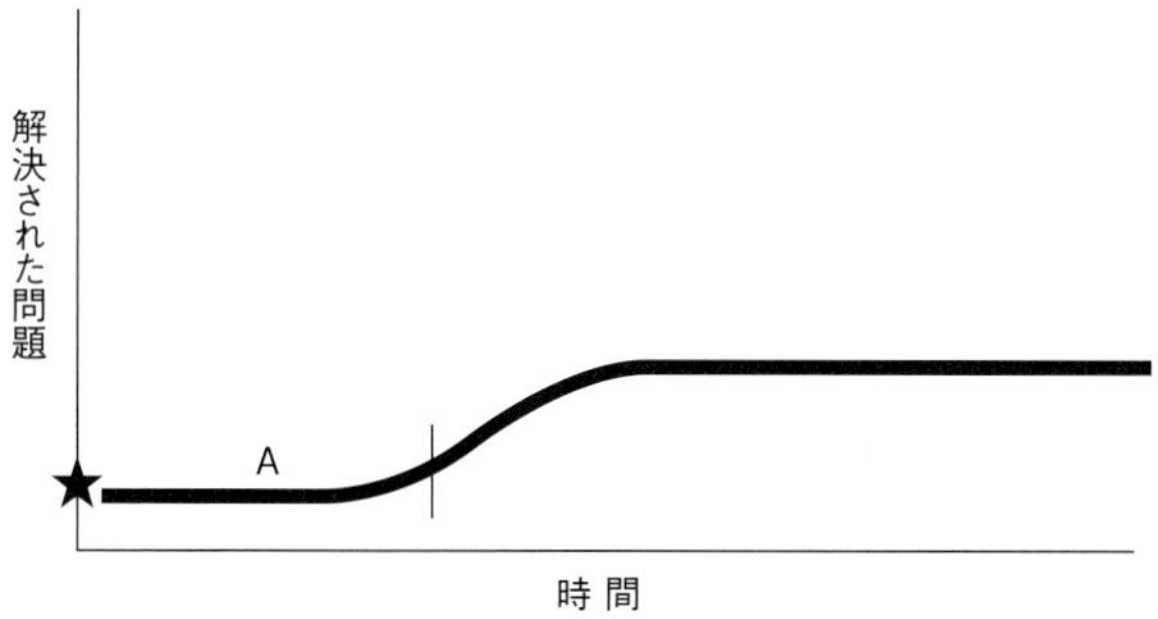


だれもが口をそろえて言う。「そんなことは五年もまえから知っていたさ」

こうした態度には腹が立つ。それならばなぜ、何もしなかったのか。

そういう人たちは認めようとしないだろうが、答えは簡単。ガッツがなかったからだ。直観を信じて行動する勇気がなかった。だから、変化を傍観し、新しい時代が来ると知っていながら、変化のバスに乗り遅れ、心の中で歯ぎしりしている。

**パラダイムの開拓者になるには、直観にくわえ、勇気が必要になる。**

パラダイムの開拓者が負う最大のリスクをわかりやすく図解すると、図10のようになる。開拓者は新しいパラダイムによって、たくさんの問題を解決できると考えていたが、実は、解決できる問題はほんの少ししかなかった。つまり、わずかな問題解決のために、時間と名声とカネを賭けたことになる。

一九五〇年代後半に発明され、一九六〇年代初めに発売された音叉式腕時計、商標名アキュトロンがそうだった。音叉振動子を使った時計で、音叉の周波数は三六〇ヘルツ。音叉につけたバネの先端のつめ石で歯車を回す仕組みになっており、従来の時計より十二倍も正確だった。これは、精度を高める画期的な時計のように思えた。しかし、製造コストは従来の腕時計より安くならず、仕組みのうえで、精度を上げ、コストを下げていくには限界があった。周波数が三万ヘルツで、計り知れない可能性を秘めている電子時計とは、競争できなかった。このため、時計の新しいパラダイムは、音叉時計ではなく、電子時計になった。アキュトロンは、すぐに壁にぶちあたるパラダイムだった。

しかし、正しい判断をしたときには、パラダイムの開拓は世界を大きく変える。アメリカは環境法の荒野を開拓した。世界中があざ笑っていたときに、大気や水の浄化に乗り出した。いまでは世界中がアメリカのあとを追いかけている。

ホリデイ・コーポレーション（当時の名前はホリデイ・インズ）は一九八四年、「スイート」ホテル・チェーンの草分けだったグレナダ・ロイヤル・ホメテルを買収した。スイートルームが大きな市場になるとわかるはるか前のことだった。一九八五年、ホテル・チェーンの名前を、エンバシー・スイーツに変えた。業界では、リスクが大きいという声が多かった。しかし、今日では、スイートルームはホテル市場に確固とした地位を占めており、他にさきがけてスイートホテルに注目したホリデイの開拓者精神は、大きく報いられた。

ＩＢＭはパソコンを開拓した。パソコン生産の決定がくだされたとき、それが正しい決定かどうかを判断する十分なデータはなかった。しかし、フランク・ケアリとジョン・オペルは、デスクトップ・コンピューター市場へ進出すべきだと、経営陣を説得した。

フォードは、アメリカの自動車業界で、総合的品質管理を開拓した。日本のメーカーには遅れをとったものの、アメリカでそれをまっさきに導入したのはフォードだった。

## 開拓者の報酬

４章から述べてきたことの意味が、もうおわかりいただけただろう。それを簡単にまとめると、こうなる。

**圧倒的な優位に立つために、パラダイム・シフターになる必要はない。パラダイムの開拓者になれば十分である。**

次のパラダイムを発見できる確率はどれくらいあるだろうか。棚上げされた問題を解決しようとしている人は、くさるほどいる。ごく普通に考えれば、他人に先を越されてしまう確率が高い。

しかし、じっと耳を傾け、それほど遅れをとらずに新しいパラダイムに気づくことができれば、十分間に合う。絶対に耳をふさいではいけない。耳をすましていないと、せっかくの情報も素通りして、開拓者にはなれない。そして、いっときも気を抜いてはならず、ひとのルールにあれこれ口をはさんでくる外野の声に、じっと耳を傾けなければならない。

パラダイムの開拓者になると、ほんとうにそんなにいいことがあるのか。それを実例で示すことができるか。できる。アメリカにとっては残念なことだが、掃いて捨てるほど実例がある。

世界で、新しいパラダイムを発見するのがもっとも得意な国はどこか。

だれもが、アメリカと答えるだろう。過去をふりかえってみれば、どんな国もアメリカには太刀打ちできない。VTRを発明したのはだれか。パソコンを発明したのはだれか。ハード・ディスク・ドライブを発明したのはだれか。総合的品質管理を発明したのはだれか。コピー機は。ステレオは。平面ディスプレイは。集積回路は。セラミックスの超電導は。電源無用のエアバッグ・トリガーは……。みんなみんな、アメリカ人である。

しかし、パラダイムを開拓するのが、もっとも得意な国はどこか。つまり、よその国のパラダイム・シフトを取り入れ、それをパラダイム曲線のフェーズAからBへ推し進め、アイデアを商品化するのが、もっとも得意な国はどこか。

日本である。

日本人は、パラダイム・シフトのアイデアを世界中から吸収してきた。ＶＴＲ（アメリカ）、クオーツ時計（スイス）、ダイヤモンド薄膜（ソ連）。どれも、それぞれの分野に革命をもたらしたアイデアばかりだ。

その結果どうなったか。日本人は何度も何度も、新しいパラダイムにいちはやく飛びつき、そのルールを完全にマスターし、効率的に利用することができた。そして、いくつもの分野で、世界市場を制覇した。

はやく出発し、遠くのゴールを見すえて歩きつづける。この二つの原則は、アメリカの金融業界のメンタリティーに反する。安全と確実を重視し、四半期ごとの収益に一喜一憂するのが、アメリカ金融業界のメンタリティーだが、それこそまさに移住者のメンタリティーである。「そっちに行っても大丈夫か」と、問いかける。安全が保証されないと、動かない。そして、手をこまねいて見ているうちに、日本人が、アメリカ人が考えだしたすばらしいアイデアを取り上げ、磨きをかけていく。

日本人はパラダイムのすばらしい開拓者というだけではない。アメリカで生まれたアイデアを取り入れ、別の面でも優位に立っている。そのアイデアとは、総合的品質管理（ＴＱＣ）である。

この本の「はじめに」で、二十一世紀に成功する秘訣のひとつに卓越をあげ、そこでTQCにふれたことを思い出してほしい。以下、この問題に焦点をあわせ、パラダイムの開拓がどれほど大きな力をもつか、TQCの中に、競争力を飛躍的に高めるどんな側面があるかをみていきたい。

TQCに欠かせないのは、改良に改良をかさねていくことであり、日本人はそれを「カイゼン」と呼んでいる。毎日毎日、工程であれ、製品であれ、どんな小さなことでも、改善していくことである。毎日毎日、一パーセントの十分の一でもいいから、ものごとを改善するなんらかの方法を見つけだそうとする姿勢である。

経営と製品開発に関するアメリカの古いパラダイムでは、そのようなことは時間の無駄に思えた。アメリカ人は、ホームランを狙っていた。大きな変化でなければ、意味がなかった。しかし、一年に二四〇日働くとして、毎日〇・一パーセント改善していったらどうなるか。年に二四パーセントも改善するのである。

パラダイムを開拓する先行者の強みに、この「カイゼン」が加わればどうなるか。パラダイム曲線のフェーズBの勾配はどうなるか。ちょっと考えてみれば、勾配がぐんと上向くのがわかるだろう（図11参照）。つまり、問題を解決するスピードが加速するのである。

向上という程度の話ではすまない。あとから新しいパラダイムにやってくる人たちが、まっ

図11

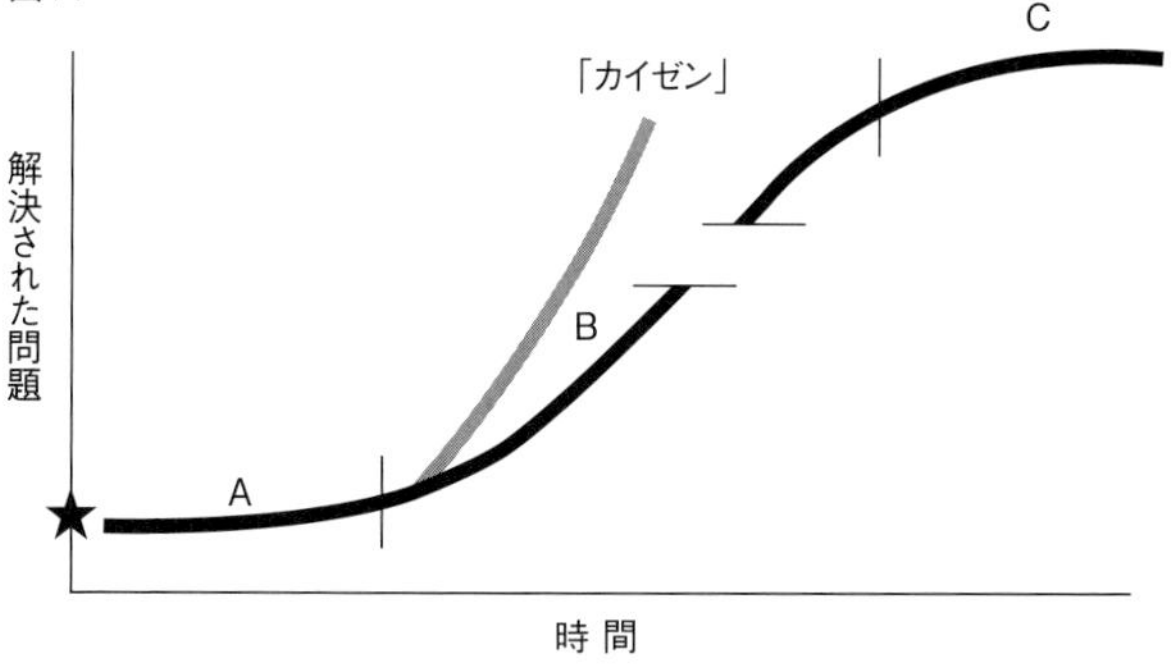


たく太刀打ちできない競争力を手に入れるのだから。

「そっちへ行っても大丈夫か」と、移住者はたずねる。そのとき返ってくる言葉はこうだ。「大丈夫だ。だけどもう、あんたが入り込む余地はない」

実際に、そういうことが起こっている。日本の製品をみるだけで十分だろう。ウォークマンを例にとってみよう。ソニーが、音楽の楽しみ方のパラダイム・シフトを見越して発明した製品だ。ここで忘れてならないのは、ソニーが新しいパラダイムを開拓しただけでなく、新しいパラダイムをつくりだした点である。こうなればもう、鬼に金棒である。

ソニーがアメリカでウォークマンを発売したのは、一九七九年だった。世界中があっと驚いた。すぐに、日本の他のメーカーが市場に参入してきた。三か月もたたないうちに、パナソニックとアイワが、同様の製品を発表した。

しかし、後発メーカーの製品が出てきたころ、ソニーはウォークマンの小型化を発表した。ソニーが製品の差別化を図っているのは明らかだった。後発メーカーは仕方なく価格を下げ、あわてて小型化の研究に着手した。

数か月後、他のメーカーが小型製品を売り出すようになると、ソニーはFMが聴けるウォークマンを発表した。後発メーカーはまたしても値下げを余儀なくされ、研究室に舞い戻った。

それから十年あまりたった。ソニーは改善の手をゆるめたことがない。

オート・リバース
低音域・高音域の改良
小型ヘッドホン
耐衝撃性
防水
ラジオの自動チューニング
一段の小型・軽量化
充電可能電池
さらに小型・軽量化
ドルビー

### アラーム時計

もちろん、ソニーがライバルに差をつけた機能の改善はこれだけではない。

この話から、どんな教訓が汲み取れるだろうか。

**パラダイムの開拓者がたえざる改善をつづけていけば、移住者が入り込む隙間はまったくなくなる。**

二十一世紀、リスクを負うのは移住者のほうである。リバース・エンジニアリングといっても、開拓者の足跡がわかるだけの話である。その足跡を突き止めたときには、開拓者はもっともっと先に進んでいる。移住者は、一日出発を遅らせるごとに、開拓者と競争するコストがふくらんでいく。そして、残されている市場はどんどんなくなっていく。

二十世紀、巨大企業は、小さな会社が「市場をつくりだす」のを待ち、それから資金力と知名度にものをいわせて参入し、市場を奪い取ってきた。

これからはもう、こんなやり方は通用しない。

最初に新天地に足を踏み入れるのは、リスクが大きい。しかし、期待できる見返りも大きい。虎穴に入らずんば虎児を得ず、といえばいいだろうか。

わたしにとって、パラダイム・シフトのこの側面はとくに興味ぶかい。科学の客観性について、考えさせられるからだ。科学者の集団にとっていちばん重要なとき、すなわち、開拓者が新しいルールを選び、そのルールに従おうとするとき、それは理にとらわれない瞬間なのだ（理に反するのではない）。そして、それは、科学研究のきわめて重要な瞬間なのである。

メッセージははっきりしている。新天地にいちはやく足を踏み入れたいと思うなら、十分なデータがそろうまで待っていてはいけない。データをそろえようとしてはいけない。遅れをとりたくないなら、自分の直観を信じ、理にとらわれず、思い切って飛び出さなくてはならない。信念をもって、新しいパラダイムに飛び込まなくてはならない。

安全が確認されるまで待っていれば、移住者になってしまい、あとから新天地に着いても、もう居場所はなくなっているだろう。

# 第7章 パラダイム効果とは何か

## 「目から鱗が落ちた」

前章までで、パラダイム・シフトの三つの原理がわかった。

**1** パラダイムはつねに、多くの問題を解決しているときでさえ、解決できない問題を浮き彫りにする。その解決できない問題が引き金になって、新しいパラダイムへの模索が始まる。

**2** パラダイムを変えるのは、ほとんどいつもアウトサイダーである。アウトサイダーは、現在のパラダイムの機微を理解しておらず、それに投資していないからだ。

**3** パラダイムの開拓者は、十分な根拠なしに、思い切って決断をくだす。パラダイムを変えたいと思うのは、自分の直観を信じているからだ。

それでは、第3章で提示した四番目の設問を考えてみよう。それは、パラダイム・シフトを経験すると、どうなるかという問題であった。この問題を考えていくと、パラダイムのもっとも重要な側面、将来を発見するわたしたちの能力に、パラダイムがどのような影響をおよぼすかが明らかになる。

## パラダイム・シフトは、その渦中にいる人に、どのような影響をあたえるのか。

クーンは、パラダイムを変えた科学者が、意外なことを書き残していることに目をとめた。科学者らしくない言葉、たとえば「目から鱗が落ちた」というような表現に、何度も出くわした。こうした表現から推測すると、科学者はそれまで見たこともなかったものを見たということになりそうだ。

正確性と客観性を重視する科学者が、なぜ、このような言葉を使うのか。曖昧で比喩的な表現である。新しいパラダイムに直面して、違う方向に目を向けざるをえなくなった。そうとしか考えようがない。そして、違う方向に目を向けた以上、それまで見たこともなかったものを見るのは当然である。

しかし、クーンはそういう結論をくだしてはいない。科学者は、同じ題材、同じ装置、同じ観察方法で、できるだけ正確に、それまでの実験を再現しながら、まったく新しいものを見ている。そういう状況に、クーンは出くわしたからだ。実験の中で変わったものは、科学者のパラダイムだけだった。

クーンの著作から引用してみよう。

「ある意味で、競争するパラダイムの提唱者は、それぞれ異なった世界で仕事をしている。そうとしか、説明のしようがない……。異なった世界で仕事をしている科学者の二つのグループは、同じ地点から、同じ方向を見ていても、異なったものを見ている。ここでも、見たいものを見られるという意味ではない。両者とも世界を見ており、見ている世界は変わっていない。しかし、ある分野で、異なったものを見ており、異なった関係の中でそれをとらえている。科学者の一方のグループに説明さえできない法則が、もう一方のグループには直観的に自明の理と思える理由はここにある」(傍点は筆者)

一歩踏み込んで考えると、クーンの言っていることは、こう解釈できる。パラダイムは「心理的フィルター」の役割をはたしている。つまり、だれでも、自分のパラダイムを通してしか、世界を見ることはできない。

言い換えると、自分のパラダイムに合わない現実世界に存在するデータはすべて、自分のフィルターを通過しにくい。どんなものが目の前にあっても、それが見えないということになる。自分のパラダイムに合うデータは、単にフィルターを通過するばかりでなく、通過する過程で凝縮されていき、自分のパラダイムは正しいという思い込みがそれまで以上に強くなっていく。

したがって、わたしたちが何を知覚するかは、自分のパラダイムによって決定されるといえる。ある人にとっては、ありありと目に見えるものが、違うパラダイムをもっている人の目にはまったく見えないということが起こる。

これが「パラダイム効果」である。

たわいもない例をあげると、「そんなことは不可能だ」とだれかに言われたら、それはパラダイム効果だと思えばよい。その言葉は、「わたしがいま仕事をしているパラダイムにもとづくと、それをどうやればいいのかわからない」と言い換えることができる。

しかし、心理的な効果を、たわいもないと済ませることはできない。

**目の前にあるデータが、まったく見えなくなるからだ。**

見えないだけではない。耳を傾けても、何も聞こえない。手で触っても、何も感じない。匂いを嗅いでも、何も匂わない。五感がすべて、パラダイム効果で麻痺してしまうのだ。

わたしは一九七三年に、クーンの本を読んでいて、この箇所に出会ったとき、しばらく考え込んでしまったことを覚えている。そして、人びとがなぜ、とんでもない判断の誤ちをおかすのかがよくわかった。頭がいいと思われる人たちがくだした決定が、とんでもない間違いだったことが何度あっただろうか。

たとえば、大企業が環境保護団体に強く抵抗したことを思い出す。わたしはそのとき、企業経営者は愚かで傲慢で、金儲け以外には何にも興味がないのだと思った。しかし、経営者の大半は、環境保護団体が指摘する事実を、ほんとうに見ることができなかったのだと、いまになって思う。古いパラダイムが邪魔をして、世界でほんとうに起こっていることを、知覚し、理解することができなかったのだ。

今日、企業経営者の圧倒的多数が、当初抵抗した人もふくめて、環境を保護しなければならないことには同意するだろう。

ゼネラル・モーターズ（ＧＭ）は最初、消費者運動家ラルフ・ネーダーの言っていることが、理解できなかった。つまり、ネーダーの言う消費者の権利という考え方が、ＧＭのフィルターを通過しなかった。だから、理解できなかった。

一九六〇年代の長髪をめぐる親子の争いを思い出す。いまでは笑い話だが、当時は真剣な問題だった。「男らしさ」という感覚が変わったのであり、古い感覚の親父は、髪を長くする息子を許せなかった。

地球の滅亡を救うには人口調節以外にないと説き、「人口増加ゼロ」を提唱したポール・エーリックに対する人口学者の反応もそうだった。人口学の第一人者であるベン・ワッテンバーグは、NBCのインタビュー番組「ミート・ザ・プレス」に出演し、「アメリカの出生率が下がることは絶対にない」と述べた。それが、ワッテンバーグのパラダイムだったからだ。現在、アメリカの人口増加率はゼロに近づいている。

そしてこれは、ビジネスや科学だけの話ではない。文化でも宗教でもそうなのだ。外から見れば、些細としか思えない問題で、二つの宗派が血みどろの争いをくりひろげたことが、いままでに何度あっただろうか。しかし、争う宗派のパラダイムに足を踏み入れれば、信仰の根幹にかかわる大問題が目の前に現れてくるにちがいない。

過去を振り返ってみよう。これまで、専門家の予言というものをさんざん読まされてきた。以下に、いくつか紹介するが、だれがそれを言ったのかを考えると、噴き出したくなるものもあるが、唖然とするものもある。

「蓄音機に、商業的価値はまったくない」
トーマス・エジソン、一八八〇年、自分の発明品について、助手のサム・インスルに

「空気より重いものが空を飛ぶというのは、まったく不可能ではないにしろ、実際には役に立たず、意味がない」
サイモン・ニューカム(天文学者)、一九〇二年

「分別があり、責任感のある女性は、参政権を要求しない」
グロバー・クリーブランド(アメリカ二二代・二四代大統領)、一九〇五年

「長距離移動の手段として、自動車が鉄道に取って代わるなどと考えるのは、たわいもない夢である」
アメリカ道路協議会、一九一三年

「人類が原子力を利用できるようになる可能性はまったくない」
ロバート・ミリカン(ノーベル物理学賞受賞)、一九二〇年

「ベーブ・ルースが、投手から打者に転向したのは、大間違いだった」
トリス・スピーカー(野球殿堂入りした大打者)、一九二一年

「俳優の声を聞きたいと思う人など、いるわけがない」
ハリー・ワーナー（ワーナー・ブラザーズ社長）、一九二七年

「世界で、コンピューターの需要は五台ぐらいだと思う」
トーマス・Ｊ・ワトソン（ＩＢＭ会長）、一九四三年

「アメリカは一九七〇年までに人類を月に着陸させるというケネディ大統領の目標を実現できないだろう」
ニュー・サイエンティスト誌、一九六四年四月三十日号

「個人が家庭にコンピューターを持つ理由など見当たらない」
ケン・オルセン（ディジタル・イクイップメント社長）、一九七七年

こうした予言をした人たちが、愚かでもなく、ミスリードするつもりもなかったことに注意する必要がある。だれも、例外なしに、その分野の専門家だった。しかし、パラダイム効果がわかれば、自分のパラダイムから外れたものを見過ごしただけだったことがわかる。

野球殿堂入りした大打者、トリス・スピーカーが、投げているときのベーブ・ルースに注目していたのは、ルースの速球をどう打ち返すか、それぱかり考えていたからだ。打者として成功するためには、ルースが投げ込んでくる問題を解決しなければならなかった。ルースのバッティングは、問題に関係がなかった。だから、ルースが外野（ライト）に転向したのは間違いだと思った。

トーマス・エジソンでさえ、自分の発明品の大きな可能性を見抜くことができなかった。新しい録音パラダイムのほんとうの境界と潜在力を理解していなかったからだ。

例をあげていけばキリがないが、二つの教訓ははっきりしている。パラダイムの力があまりに強いため、わたしたちは世界を一方向からしか見ることができない。そして、専門家がとんでもない過ちをおかすのは、この罠にはまりやすいからだ。

将来を予見したいと思うなら、自分のパラダイムが世界の見方にどれだけ大きな影響をあたえているかを知ることが、もっとも重要になる。

パラダイム効果は、ビジネスや教育の分野はもちろん、言語学、人類学、心理学の分野にもみられる。

クーンの功績は、科学者をこの論議に巻き込んだことにある。クーンは、科学者でさえも、自分のパラダイムから大きな影響を受けることを示した。科学者も例外ではなかったのだ。

こうしてみると、パラダイムとは両刃の剣のようなものである。「正しく」使えば、世界をみごとに切り開き、そのパラダイムの実践者は世界を正確に把握できる。これが、パラダイムの良さだ。

だれかに何かを説明していて、「どうしてそんな変なことを考えるのか」と言われた経験はないだろうか。「そんなことは常識だろう」と言うと、相手はびっくりする。これがパラダイムの力である。そのパラダイムと無縁の人には、まったく理解できないことが、ぱっとわかってしまうのである。

わたしの高校時代の友人に、現在はミネソタ州にある世界最大級の医療センター、メイヨー・クリニックに勤めている放射線医学の専門家がいる。その友人が、X線写真の読み方を勉強しはじめたときのことを話してくれた。最初は、写真を見ても、なにがなんだかさっぱりわからなかった。それがある日、「謎が解け、すべてがわかった」というのだ。そのとき、彼は、X線写真解読のパラダイムを学んだのだ。

パラダイムの剣が「間違った」方向に振り回されると、パラダイムに反したデータがどこかへ飛んでいってしまう。最善のケースでも、「不可能」とか「不正確」とか言って無視してしまい、最悪のケースは、そのデータがまったく見えなくなる。

**見えるはずだと思うものは、はっきり見える。自分のパラダイムに合致しないデータは、よく見えない。まったく見えないことさえある。**

「間違った」データが目の前に出てきたとき、わたしたちは、関係ないといって無視するか、自分のパラダイムに合わせ、歪めて読んでしまう。

逆にいえば、現在のパラダイムが災いして、将来を見る目が曇る場合があることを、肝に銘じておけば、将来を見通す力は飛躍的に高まるともいえる。

現在、「不可能」とされることは、現在のパラダイムの枠内で不可能というにすぎない。自分の仕事、自分の会社、自分の国の将来が、現在のパラダイムの外にあるために、目に見えないということはよくある。よくありすぎる。

そして、ある種のイノベーションについても、まったく同じことがいえる。自分がすでに習熟しているものを改善する「パラダイム強化」のイノベーションが提案されれば、受け入れやすい。しかし、「パラダイム・シフト」のイノベーションを提案されると、抵抗を感じる。自分がマスターしたルールに合わないからだ。

予見とイノベーションの能力を高めるには、パラダイム効果を十分理解しておかなければならない。将来を正確に見通すためには、現在のパラダイムで確実にわかっていることは脇におき、パラダイムの周辺に注意を払い、パラダイムを変えようとしている人を見つけ出す必要がある。

パラダイム効果さえ理解しておけば、盲目になる危険はずっと少なくなり、将来がはっきりと見えてくるはずだ。

# 第8章 パラダイム効果の実例

## 公認会計士は簡単な足し算ができない

前章まで、パラダイム・シフトの一般的な説明に頁を割いてきた。この章では、実例を取り上げてみたい。わたしはこの二十年間に、五百以上も実例をあつめた。その中から、パラダイムの力をいやというほど思い知らされる例を選んでみた。

アウトサイダーの役割、インサイダーの盲目、パラダイムの影響力の大きさ、古いパラダイムが健在のうちに新しいパラダイムが生まれることなど、実例にはそれぞれ考えるべきポイントがある。大事なポイントについては、その都度、指摘していきたい。

まず、前章で説明した心理的フィルターが、実際にどういう形で現れるかをみていこう。問題を二つ出す。フィルター効果を経験してみたいと思う読者は、指示にしたがって問題を解いてください。

次に並べた数字を、できるだけ早く、暗算で足してください。ペンや鉛筆を使ってはいけません。計算ができたら、下に答えを書いてください。

1000
40
1000
30
1000
20
1000
10

答えが五〇〇〇になった人は、同じ問題を解いた人の九五パーセントと同じ答えを出したことになる。ヨーロッパでも、アジアでも、ほとんどの人が同じ間違いをした。もう一度、計算してみてください。それでもまだ答えが五〇〇〇だという人は（わたしは三回くりかえしても、五〇〇〇という答えが出た）、次のパラグラフを読んで、正解を確認してください。

問題は、なぜ、それほど多くの人が、五〇〇〇という答えを出すかである。こんな足し算は簡単だと思っているからだ。ほとんどの人は、四〇九〇までは正しく計算できたはずだ。そして、最後の一〇をみて、位が一桁あがることはわかったはずだ。そう、正解は四一〇〇である。

パラダイムのルールに投資しているほど、他のルールは見えにくくなるという法則を思い出していただきたい。わたしは一九八四年に、ミシガン州ディアボーンのハイアット・ホテルで、アメリカ公認会計士協会のお偉方と同席する機会があり、この人たちに、先の問題を出してみたらおもしろいと思った。そこで、みなさんは足し算や引き算が得意ですかと聞いてみた。馬鹿にするなと思われたにちがいない。

先に読者に出したのと同じ問題をオーバーヘッド・プロジェクターで映し、一度に一列の数字しか見せないようにした。最後の一〇を見せたあと、すべての数字を隠し、答えを聞いてみた。二八〇人の公認会計士が全員、例外なく、「五〇〇〇」と答えた。

答えに自信のある方は手をあげてくださいと言うと、全員が手をあげた。そこで、もう一度数字をすべて見せ、間違いだと言おうとしたとき、最前列にいた人が低い声で咎めるように言った。「スライドが前と違う」

会計のプロ中のプロが、どうしてこんな馬鹿らしい間違いをするのか。それは、計算に自信があるからだ。しかし、ちょっとしたトリックがあるとはいえ、わずか八列の足し算を間違った。会計士の中で、だれひとり、正解を言う人はなく、あるいは正解を出していたとしても、同僚やお偉方に逆らう勇気をもっている人はいなかった。

これは、同じパラダイムで仕事をしているグループの拘束力がどんなものかを示す好例である。間違うときは、いっしょに間違う。そして、大勢に逆らうのが怖くて、間違いを指摘することさえできない。

つまらない足し算ではあるが、パラダイムの力を如実に示す例として、けっしてつまらないものではない。

図12

このままでは引き下がれないと思っている読者のために、もうひとつ、「つまらない」問題を出してみよう。図12を見てください。点が四つあって、それを結ぶと四角形ができます。どの辺も長さは等しく、辺と辺の角度は九〇度、つまり正方形です。そこで問題。二つの点を動かし、二倍の大きさの正方形をつくってください。制限時間は三〇秒。問題が解けなかった方は、後述の正解をみてください。

この問題のトリックは、「正方形」という言葉にある。ほとんどの人は、辺の方向をそのままにして、問題を解こうとする。もちろん、それではうまくいかない。しかし、菱形が正方形になる場合があることに気がついた人は、対角線が一辺となるように二つの点を動かせば、もとの二倍の大きさの正方形ができるとすぐにわかっただろう。

わたしは同じ問題を「菱形」という言葉を使って試

図13

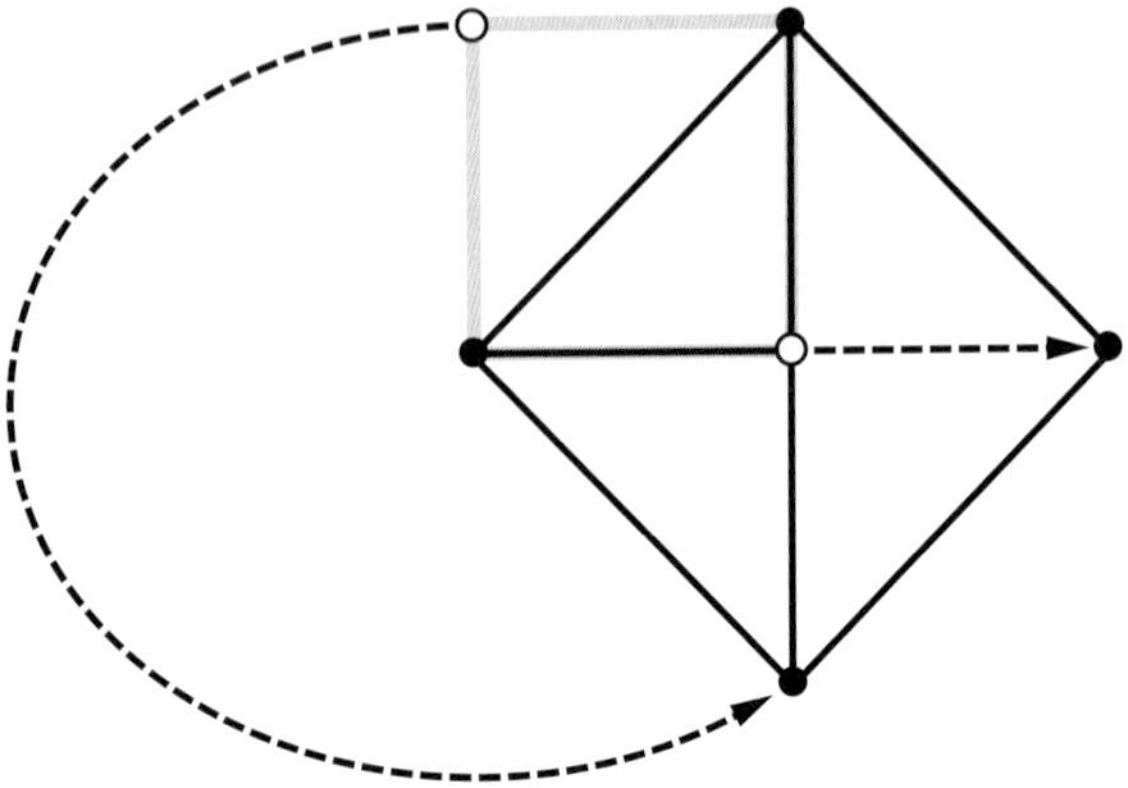

してみた。「もとの正方形の二倍の大きさの菱形をつくってください」。すると、全員が十秒以内に正解を出した（図13参照）。

ここでは、「正方形」のパラダイムが邪魔をしたのだ。「正方形」のパラダイムなどというものがあるのか。もちろん、ある。正方形と言われると、だれもが、各辺が水平、垂直の四角形を思い浮かべる。その境界を定めるルールと規範があり、その境界の中で問題を解くためのルールがある。つまらないルールかもしれないが、そのルールが頭にしみついている。そして、そのルールの中には、思い出せる人がいるとしたら、「正方形になる菱形」というルールが隠れている。それを思い出せなければ、お馴染みのルールに縛られて、別のルールを見つけることはできない。

「正方形」という言葉が、正解にたどりつく道を妨害するフィルターになっているのだ。

次に、非常に感覚的で、自分の境界がすぐにわかる例を紹介してみよう。エレン・J・ランガーは、名著『心はマインド……』の中で、文化のパラダイムを明らかにするちょっとしたテストを出している。それはこういうテストだ。まず、唾液で口の中を濡らす。歯の裏から、舌の先まで、なめらかに心地よくなるまで濡らす。口の中が濡れているのは、自然で健康な状態なので、気持ちがいいはずだ。

つぎに、紙コップかグラスに唾を吐き出す。そして、それを飲んでみる。

どんな感じがするだろうか。嫌な感じがするにちがいない。欧米人なら、たいていそう感じる。なぜだろう。自分自身の体液なのに。少し前まで、自分の口の中にあった。しかし、わたしたちは小さいときから、唾を吐くのは行儀が悪いことで、唾を吐きかけられたら軽蔑されている印であり、唾は汚いものだと教わってきた。わたしたちの行動様式を規制し、正しい行動を定める文化のルールを学んできた。だから、自分の唾でも、それを飲むと考えるだけで、気持ちが悪くなる。ランガーの指摘は、単純で直截である。そして、パラダイムとはつねにそういうものである。

もう少し、ささやかな例をあげていこう。眼鏡をかけている人に、こう聞いてみる。最後に、眼鏡のフレームとレンズを見たのはいつですか。すると、ほとんどの人がしばらく考えてから、鏡で見たと答えるか、朝起きて、眼鏡をかけたときに見たと答える。眼鏡をかけた途端に、何が起こるのだろう。眼鏡のフレームというデータが、視界から消えてしまうのではないだろうか。ほとんどの人の場合がそうである。そのデータはどこへ行ってしまうのか。それは、いま、まさに目の前にある。しかし、眼鏡をかけている人は、それを意識から消し去ることができる。なぜか。無用だから。パラダイムの仕事のひとつに、重要なものと、そうでないものを識別することがある。そして、必要でないものは、無視するか、排除する。

あらためて注意してみると、意識から消えているデータが身の回りにたくさんあることに気づく。ハード・ディスク・ドライブのブーンという音、窓ガラスの反射、鳥のさえずり、電車や車が通り過ぎる音、椅子のきしむ音……。いま、この本を読んでくださっている人にとって、この本の文字以外のデータは無用であるばかりでなく、意識から排除しないと、読書の妨げになる。だから、そうしたデータを排除しているのだ。

車を運転していて、いつのまにか、数ブロックも走っていたことに気づいた経験は、だれにもあるだろう。なぜ、そうなるのか。運転のパラダイムがうまく機能し、無用なデータを意識から排除して、運転しているからだ。

わたしたちは無用なデータを排除するだけではない。自分の願望に合うように、それを修正することもしている。百年も前の実験に、このことを非常にうまく説明してくれるものがある。

## さかさまの世界

次の実験は、十九世紀に、ドイツのハノーバー研究所でおこなわれたものである。被験者に、上下さかさまに見えるゴーグルをつけてもらう。世界が反対に見える異常な状況に、被験者がどう対応するか。それをみるのが、実験の目的である。

被験者はどんな反応を示しただろう。「さかさまの世界」に順応しようと努力したにちがいない。たいていの人がそう思うのではないだろうか（世界がさかさまに見えると、階段を降りるとき、あるいは交差点を曲がるときに、いったいどうなるのだろうと心配にもなるが）。

被験者は、上下さかさまの問題をどうやって解決したか。すぐに解決した人もいれば、解決するまでに何時間もかかった人もいた。しかし最終的に、被験者全員がこう報告した。「世界は正常に戻った」と。

解決策は単純だった。それは、情報をぐるりと回転させることだった。時間の差はともかく、被験者は全員、無意識のうちに脳の中の視覚コントロール装置を探し出し、「スイッチを入れて」、情報を一八〇度ひっくり返すことができた。驚くべき解決策だ。

パラダイムの言葉を使って説明するとこうなる。上下さかさまの情報を処理する新しいルールをつくるか、それとも、古いルールに従って情報を変更するかの選択を迫られたとき、被験者はもっとも効率的な方法を選んだ。つまり、ルールを変えず、データを変えたのだ。データを変えて、効率よく世界に対応した。世界の見方に生じる混乱を最小限に抑えることができた。

この単純な実験は、頭に入ってくる心理的な情報を操作する人間の力を、みごとに示している。選択を迫られたとき、わたしたちが視覚情報をここまで劇的に変えてしまえるとは驚きである。何を見るか。どのように見るか。それをコントロールする人間の力は、わたしたちが普段考えているよりはるかに強い。

人間はまた、存在しないデータをつくりだすこともできる。それを実証する例を二つ紹介してみよう。どちらも、個人的なパラダイムが作用する例である。

## バドワイザーの缶ビール

一九七七年、わたしはフロリダ州のボカラトンで、ＩＢＭの管理職にパラダイムについて講演した。話が終わるとすぐに、若い男性が近づいてきて、こう言った。「いままでどうにもわからなかったことがわかりました」。この言葉はわたしの耳に、心地よい音楽のように響いた。その人はこんな話をしてくれた。

その人は、スキューバ・ダイビングに熱中しており、仕掛けに魚がかかっているかどうか見るために、マイアミ・ビーチ沖で、三〇メートルから五〇メートルも潜ることがよくあるという。その海域は、豪華なヨットが頻繁に行き交うため、投げ捨てられたゴミが海底にたくさん沈んでいる。とくにビールの空き缶が目立つ。そして、水深五〇メートルのところで、バドワイザーの空き缶を見つけたとき、その赤いラベルが鮮明に見えた。その人は不思議に思った。なぜ、不思議に思ったのか。光学に詳しい人ならご存じだろうが、光スペクトルの赤色は水深五〇メートルも通過しない。この深さまで潜ると、海の世界はすべて青っぽく見える。光スペクトルの紫に近い色しか見えない。水深五〇メートルでは、絶対に赤は見えない。だから、その人は不思議に思った。見えるはずのない赤が見えたのである。

それではなぜ、見えるはずのない色が見えたのか。バドワイザーの缶ビールの「正しいモデル」を知っていたから、赤いラベルが見えたのだ。つまり、その色が本来、赤であることを知っており、見たものをルールに合わせるために、その人は文字通り、心の中で空き缶に色をつけたのである。現実には、ラベルが赤に見えるはずはない。しかし、バドワイザーの空き缶であることがわかった瞬間に、ラベルの色はバドワイザーの赤に変わる。

その後、わたしはこの話を何度かセミナーで使っていたが、あるときまた、スキューバ・ダイビングが好きな人がやってきて、その色が見えるはずのない深さで、魚の色が見えるという話をしてくれた。それは、その魚がどういう色をしているか知っているから、そう見えたのである。あるダイバーはこう言う。「魚を見つけた瞬間、たいてい色は見えない。ところが、五秒か十秒すると、わたしが知っているとおりの色が鮮やかに見えてくる」。「知っているとおりの色」というところがポイントである。

## 味気ない話

空き缶の話は非常におもしろかったが、次に紹介するのは、心が痛む話である。一九八〇年代の初め、わたしはコロラドでパラダイムについて講演した。それはディナーの前のスピーチだったので、話を終えてテーブルについた。食事をしながら、となりに座り合わせた女性がこんな話をしてくれた。

その女性は数年前、頭痛がとまらないので医者に行ったところ、脳に大きな腫瘍があると診断され、手術を受けた。腫瘍は悪性のものではなく、切除された。手術の翌朝、朝食をとると、痛みはないのだが、感覚がすこし「ぼんやり」している。とくに、食事があまりおいしくない。医者が回診に来たときに、何か問題があるのか聞いてみた。「先生、麻酔の影響はどれくらい残るんでしょうか。食べ物の味がおかしいんですが」

医者はすこし間をおいてから、こう言ったという。「残念なことを申し上げなければなりませんが、手術で切除した脳の部分には、味覚と嗅覚の機能がすべて含まれていたのです。ですから、もう何を食べても味はしません」

医者の言うとおりだった。朝食には、なんの味もしないはずだった。しかし、医者からそう言われるまで、味も匂いもあったのである。

それは、どこから来ていたのか。

過去に知っていた味と匂いのパターンを使って、それを再構成していたのだ。生理学的にいえば、味も匂いもするはずはなかった。その女性は文字どおり、あるべき味と匂いをつくりだしていたのである。

以上の例から、期待の力がいかに強いか、おわかりいただけただろう。それは、パラダイムから生まれ、現実に存在しない情報をつくりだす。違う視点から見れば、同じものも違ってみえる。その多くは、これで説明できる。だれもが、自分は正しくて、ほかの人は間違っていると思う。それぞれのパラダイムに従えば、どちらも正しいというところに真実はあるようだ。

以上の実例が意味するところを、軽く考えてはいけない。見たもの、感じたものを、「正しい」ものにするために、現実に足し算や引き算をして、情報を文字通りつくりかえてしまう心理的なルールの力をみごとに示している。

それでは次に、熟練のパラダイムが、世界の見方にどんな影響をおよぼすかをみてみよう。

## チェスの名人

ノーベル経済学賞を受賞したカーネギー・メロン大学のハーバート・サイモンは、一九七三年、同僚の心理学教授、ウィリアム・C・チェースといっしょに、チェス・プレーヤーの認知力を研究した。この研究によって、パラダイムの影響力が実証された。二人の教授は、次のような実験をおこなった。

チェスのプレーヤーを、世界ランキングに入っている名人を三人、中級者を三人、初心者を三人、被験者に選んだ。

衝立のうしろで、実験者はゲームを始め、途中でやめる。そして、衝立を取り払い、被験者全員に五秒間、盤の上をみせる。五秒たったら、ふたたび衝立でさえぎり、それぞれにチェス盤をわたし、いま見たとおりにコマを並べてくださいと頼む。

結果はどうなったか。名人と初心者は対照的だった。だれもが予想するとおり、名人の成績はすばらしかった。三人の平均正解率は、八一パーセントだった。わずか五秒しか時間が与えられなかったことを考えると、驚異的な記憶力である。

初心者は間違いが多く、平均正解率は約三三パーセントだった。

名人と初心者の差は歴然としている。

この時点で実験が終わっていれば、いくつかの結論を導きだせるだろう。

1　名人は驚異的な記憶力をもっている。

2　ゲームに習熟するほど、コマの位置を正確に覚えられるようになる。

3　名人はコマの位置を記憶する特別なコツを知っている。

しかし、実験はこれで終わらず、第二幕があった。二回目は、ひとつだけ条件を変える。ゲームのルールを無視して、コンピューターによってランダムにコマを並べた。そして、一回目と同じ実験をくりかえした。

どういう結果が出たか。意外なことに、名人の正解率が大きく落ちた。どれくらい落ちたかというと、なんと、初心者よりも低くなってしまった。

これはパラダイムのイタズラである。チェスのパラダイムが取り除かれたため、名人が鍛練と実戦によって長いことかけて積み上げてきた精妙な認知力が、役に立たないものになってしまった。ルールがあるからこそ、名人は、ゲームの展開を推測し、信じられないほどの正確さで、コマの位置を覚えることができた。しかし、ルールがなくなってしまえば、混乱するだけである。パラダイムがあったからこそ、ゲームの境界内で、すばらしい力を発揮できた。パラダイムがなくなってしまえば、名人はもはや名人ではなかった。

世界を見渡せば、同じワナに落ち込んだ専門家はたくさんいる。境界内では、目をみはるような仕事をするが、ルールが変わってしまうと、からきし無力になる。

もっとも、パラダイムによる認知の形成には、マイナス面ばかりあるわけではない。そのプラス面を教えてくれるのが、マーク・トウェインである。

**水先案内**

わたしは数年前、ＰＢＳ（アメリカの公共放送ネットワーク）がマーク・トウェイン（本名サミュエル・クレメンス）の小説『ミシシッピ河上の生活』をドラマにしたものを見た。あっと思って、テレビ画面をじっと見つめてしまったシーンがある。パラダイムの力がみごとに美しく描きだされていたからだ。

新米の水先案内が友だちと二人で、夕日に輝くミシシッピ河を見つめている。友だちはその美しさにうっとりするのだが、水先案内はまったく違うものを見ている。ドラマが終わると、わたしはすぐに書庫に行き、原作を手にとった。そして、十五分ほどして、あのシーンのもとになった箇所が見つかった。トウェインはこう書いている。

私（主人公）がはじめて、蒸気船を見たころのすばらしい日没の風景。

広々とした河が一面血の海となり、その赤みが金色に変わった真ん中辺を一本の丸太が流れていくのが、くっきりと黒く見える。ここでは長い斜めの線がキラキラと水面に輝き、別のところでは、ブツブツとわき立つ水面が、転がるような輪を描いては崩れ、オパールのような多彩な色を放っている。赤い光がほのかにうすれたところには、優雅な環と輝く線で美しくふちどられた、なめらかな一点が見える。（勝浦吉雄訳、文化書房博文社、一九九三年、以下同）

私は魅入られた者のように立ちつくしていた。私はそれを飲みほし、言い知れぬ歓喜に酔いしれた。それは私にとって新たな世界であった。かつて故郷ではこのような光景を見たことがなかった。

しかし、水先案内の修行をしながら河を旅していくうち、「私」のものの見方は訓練によって変わり、水先案内の目で、河の景色をながめている自分に気づく。

それからというもの、あの同じ日没の光景が再び私の眼前にくり広げられても、それを歓喜をもって眺めることはなく、こんなふうに心の中で呟くであろう。これじゃ明日は風だというシルシだな。あの流木は、水面が高くなっていくということだ。あんまりありがたくないな。あの水面の斜めの線は、いつまでもあんな具合だとすれば、そのうち、夜分、どこかの蒸気船を真っ二つにする暗礁があるということだ。あのひっくりかえるように沸き立っているのは、砂州が崩れていて、水路が変わってくるということだ。向こうのなめらかな水面の線と輪は、あそこは厄介なところで、どんどん浅くなっていくから危ないってことだ。

自分の見方が変わったことに対する「私」の嘆息は、すべての専門家がかかえているジレンマをよく言い表している。

いまや私にとって、なんらかの価値ある特徴というのは、蒸気船を安全に運航するのに役に立つかどうかということだけだった。

クーンが指摘したように（わたしはそれを補足しようとしているのだが）、人はパラダイムを変えるとき、あるいは水先案内修行中の「私」のように、パラダイムを学ぶとき、世界はまったく新しいものに見えてくる。

マーク・トウェインが『ミシシッピ河上の生活』で完璧に示したことは、新しいパラダイムを身につけていくと、ものの見方が変わるということである。わたしたちは、同じミシシッピ河を見ていても、一人前の水先案内になるまでは、「私＝トウェイン」が見たものを、けっして見ることはない。

## 恐竜の絶滅

科学の領域では、トーマス・クーンがみごとに例証したように、くりかえしパラダイム・シフトが起きている。恐竜はなぜ絶滅したか。その謎解きの経緯をたどっていくと、隕石の衝突が原因だったと思いついたのが、古生物学者ではなく、ノーベル物理学者のルイス・アルヴァレズだったことがわかる。アルヴァレズは、恐竜絶滅と同じ時期の土壌サンプルから、奇妙なイリジウムの層を発見した。

科学史をひもとけば、門外漢の物理学者にいったい何がわかるのだといった反論をいくらでも見つけられる。イリジウムの検証をした聡明なスティーブン・ジェイ・グールドなど、幾人かの古生物学者が、メンツにかけてアルヴァレズの説に反論した。

現在、隕石の衝突が恐竜絶滅の原因だったことは、ほぼ定説になっている。残っている大きな問題はこうである。どこに衝突したのか。衝突した隕石はひとつだけだったのか。火山活動が誘発されて、事態がいちだんと深刻になったのか。隕石が大気圏を通過したときに、大気が燃えるように熱くなり、恐竜はバーベキューになってしまったのか。隕石衝突の影響で「核の冬」が訪れ、地球は何か月にもわたり、あるいは何年にもわたって、冷えきってしまったのか。

現在、新しいパラダイムで解かれようとしているこうした問題は、恐竜は徐々に絶滅していったとする古いパラダイムの中では、絶対に生まれてこない問題だった。

## 超電導

「高温」超電導を発見したのは、IBMのチューリッヒ研究所に在籍するスイス人の物理学者、アレックス・ミュラーだった。これも、先の話と同様、老練の門外漢がパラダイムを変えた典型例である。当時まだ無名だった若き物理学者、ゲオルグ・ベドノルツを助手に使っていた。この助手がオーブンを十分に熱しないというミスをしてくれたおかげで、偶然にも、セラミックス化合物ができたのである。ベドノルツにもっと経験があれば、こんなミスはしなかっただろう。

それまでに実験されたどんな物質よりも、はるかに高い温度で、電気抵抗がゼロになる物質が、このセラミックスだった。しかし、電気のことを知っている人はだれでも、セラミックスは絶縁のために使うもので、電導のために使うものではないと知っていた。超電導のパラダイムを知らなかったミュラー博士は、セラミックスに超電導現象が起こるかもしれないと考えた。

そして、「酸化物高温超電導の発見」により、ノーベル賞を受賞した。博士の直観は正しかったのである。

## 自宅まで押しかける

知らなくてかえってよかったということは、ビジネスの世界でよく起こる。学校や企業に記念品や贈答品を販売しているジョステンズ（本社ミネソタ州）のセールスマンの前で、わたしは講演をしたことがある。講演のあと、ヒスパニックの男性が、こんな話をしてくれた。「わたしは、プエルトリコ支社でセールスをしていた父の仕事を引き継ぐ形で、ジョステンズに入社したのです」。父は、かつての顧客だった何人かの校長のところへ、売り込みにいく手はずを整えてくれた。

「父から渡されたスケジュールをみると、一週間、びっちり日程がつまっていました。初日、予定に遅れが出て、学校に着いたときには、校長はもう家に帰っていました」

出直してスケジュールを狂わしたくなかったので、学校の職員に校長の住所を教えてもらい、自宅まで押しかけた。そして、商談はまとまった。

これに味をしめ、つぎの二日間は、訪問予定の校長が家に帰るまで待ってから出向くことにした。

出張から帰ったのは、予定より二日も早かった。「父はスケジュールをこなしてこなかったと思い、かんかんに怒りました。そこで、会う予定だった人にはすべて会い、ほとんど商談はまとまったと説明しました」

「嘘をつけ」と父は言い、息子は自分がやったこと、つまり、校長の自宅を訪問したことを説明した。「父には信じられませんでした。わたしたちはいつも、学校に校長を訪ねるように教育されていたからです」

息子が発見したのは、学校から離れ、仕事に追われていないところで校長に会うと、だれにも邪魔をされずに話ができるということだった。そのほうが、売り込みやすかった。

この発見で、彼はすばらしい営業成績をあげ、ほかのセールスマンもこのやり方を真似するようになった。

校長を自宅に訪問してはいけないということを知らなかった若いアウトサイダーだからできた。スケジュールを狂わせたくなかったから、自宅まで押しかけた。そして、商品を売り込むのに最適の時間と場所を、根本から変えてしまった。

## 訪問販売

アーサー・アンダーセンの会計士から、もうひとつ面白い話を聞いた。彼もまた、若かった。

カナダにある株式未公開の建設会社に行くよう指示され、事業の内容をつかむために戦略会議に出席し、事業計画に関する論議を聞いていると、おかしな話をしていると思った。それは、新しいモデル・ホームを建築する計画だった。

業界のことはよく知らないので、モデル・ホームはなんのために使うのか聞いてみた。すると、新しく家を建てようと考えているお客さんに見せるためだという。「販売員がそこにいて、説明をする」のだそうだ。

ますます不思議になってきた。「販売員がそこにいるというのは、どういう意味ですか。わたしが仕事をしているほかの会社では、セールスマンはお客さんのところへ出向いていきます。お客さんが来るのを待ってはいません」

副社長のひとりが、いらいらしたように答えた。「うちの仕事では、そんなことはできない。当たり前だろう。どうやって客を見つけるんだ」

若い会計士は、すこし考えたあと、ふたたび論議に割って入った。「そうですね。わたしだったら、『売り家』の看板が出ている家をさがして、その持ち主のところに話に行きます。その人は、御社の潜在的顧客のはずです」

そう言うと、黙ってくれと嫌な顔をされた。しかし、会議の長老格の人が、会計士のアイデアに関心を示した。「そういうことをやるセールスマンを雇ってもいい。たいしてカネはかからんだろう」

そして、その建設会社は、その日初めて顔をみせた会計士の馬鹿げたアイデアを試してみることにした。結果はどうなったか。驚くほどうまくいった。もちろんそれは、それまでのルールにまったく反することだった。そしてもちろん、新天地がひらけた。新しい家を販売しながら、客から買い取った古い家を再販するという思わぬビジネスチャンスにめぐりあったからだ。買い取った家をリフォームすれば、中古住宅市場で買い手がつく。そして、セールスマンが持ち歩くカタログには、新築よりもはるかに安く手に入る中古住宅も並ぶようになった。

住宅を訪問販売できるなどと、よくも考えついたものである。これが、パラダイム・シフトである。

## 正しい寸法、間違った寸法

パラダイムのほんの些細な側面が、画期的な新製品に必要なすばらしいアイデアを殺してしまうことがある。それを如実に示してくれるのが、ソニーの例である。CDプレーヤーにまつわる話である。

この技術に注目している人なら、だれでも知っているとおり、ソニーはこの市場にかなり早いうちから参入していた。最初の携帯用CDプレーヤーは、ソニーの技術の勝利だと絶賛された。ある音楽雑誌は、「初めて登場した第二世代技術」と呼んだ。

なぜ、ソニーはリーダーだったのか。ＣＤの研究をはじめたのがいつだったのかを調べれば、答えははっきりしている。それは、一九七〇年代初めだった。

しかしソニーは、一九七六年になると、ＣＤは音楽には向いていないと判断して、研究を中止してしまった。どうしてと、首を傾げたくなる。

オランダのフィリップスと話し合ったのち、ソニーがＣＤ事業に復帰したのは、一九七九年だった。フィリップスが、ＣＤの世界標準をつくろうとソニーに呼びかけたのは、ソニーがこの分野で相当なノウハウを蓄積しているのを知っていたからだ。

ソニーはいかにも日本企業らしく、「すでに検討済みの問題なので」と、フィリップスの申し出を断ったりはしなかった。ぜひ話を聞きたいので、日本に来てほしいと答えた。

フィリップスは、少数の派遣団を送り、ソニーはふたたび、日本企業のお手本のように、ＣＤの研究にあたっていたチームを再招集した。そして、これがまた日本企業らしいところだが、まず、フィリップスの社員の話に耳を傾けた。

フィリップスの研究者はこう言った。ソニーのほうが自分たちより先行しており、ソニーがやろうとすることは何でもすばらしいと。そして、フィリップスが作ったＣＤの試作品を見せた。それは、今日のものより、直径が一センチちょっと大きかった。

「これぐらいの大きさがいいと考えています」と、フィリップスの研究者は言った。

その小さなディスクを見て、ソニーの研究者がどう思ったか、確かなことはわからないが、おそらく、「冗談はよしてくれ」と思ったにちがいない。

それまで日本人がずっと愛用してきたディスクの大きさを考えてみればわかる。そう、古いパラダイム。LPの直径は、一二インチ（約三〇センチ）だった。それが、日本人のモデルだった。その三分の一の大きさで、一時間以上の音楽を入れることができるなら、一二インチのディスクにどれだけの音楽を入れることができるか考えてほしい。およそ一八時間の音楽を入れることができる。

ソニーの社員は一八時間の音楽を入れるディスクを思い浮かべ、頭を悩ました。いったい、どんな音楽を入れればいいのか。シナトラを一時間、ベートーベンを一時間、ビートルズを一時間……。それに、いったい値段をいくらぐらいにすればいいのか。一万九八〇〇円？

LPサイズのディスクを売り出すとすれば、こう悩むのも無理はない。そして、LPサイズ以外のディスクなど、考えられもしなかった。

音楽用CDの適切な大きさはどれくらいか。そう考える人はだれもいなかった。少なくとも、専門家の中で、そう考える人はいなかった。

そう。パラダイムがイノベーションの邪魔をしていたのである。日本人は境界の罠に落ちていた。この場合の境界は、時間ではなく、スペースだった。そのため、一二インチという大きさが制約要因になってしまった。レコード一枚の適切な時間がどれくらいかわかれば、CDをどれくらいの大きさにすればいいのか、すぐにわかったはずだ。

そして、フィリップスが考えたのは、まさにそのことだった。フィリップスの二人の研究者は、わたしにこう話してくれた。フィリップスの研究開発部長は、ベルリン・フィルの有名な指揮者、ヘルベルト・フォン・カラヤンと夕食をともにし、一枚のレコードの長さはどれくらいが適当だと思うか聞いてみた。「ベートーベンの第九が片面に入らないのなら、十分な長さとはいえない」。それがカラヤンの答えだった。

死後百五十年もたったベートーベンが、二十世紀の先端を行く音楽再生技術の時間標準を決定したのはおもしろい。

しかし、この逸話のミソを見落としてはいけない。それは、技術革新で世界に名を知られたソニーが、パラダイムを構成する境界のルールに手足を縛られていたことである。一二インチのLPという固定概念を破って、みずからの将来を見ることができなかったのだ。

## 鉄のリサイクル

鉄のリサイクル？　そんなことは商売にならん。それが、ミニミルのパイオニアであるヌコアの会長が、大手製鉄会社を訪ねたときに言われたことだった。アメリカ中からスクラップを集め、電炉で「再生」したらどうだろう。大きな製鉄所ではなく、小さなプラントをつくり、非組合労働者に高給を払ったらどうだろう。そう考えついたのは、ヌコアの会長、ケネス・イバーソンだった。それはすでに、カナダの発明家で起業家のジェリー・ヘファーマンが試していたが、鉄鋼業界の人はみんな、イバーソンは失敗すると思っていた。

それから二十年たったいま、ヌコアをはじめ、ノース・スター・スチール・ミネソタなどのミニミルは、二〇パーセント近い投資収益率をあげ、大手の一貫メーカーから、次から次へと市場を奪っている。最初は道路建設用の鉄筋を作っていただけだった。地方のプラントは、建設中の道路に近いという輸送上の利点があった。そして一九八九年、ヌコアは、それまでは高炉でしか生産できないと思われていた圧延鋼板の出荷開始を発表した。

ペイン・ウェバーの鉄鋼業界アナリスト、ピーター・マルカスは、一九八九年、十月十七日付けのウォール・ストリート・ジャーナル紙で、「この技術革命は、高炉各社にとって大きな脅威になるだろう。（高炉各社は）古い設備に投資しすぎており、従業員を柔軟に動かすことができない」と指摘している。

鉄鋼生産で不可能と思われていたことが、いまでは現実になった。そして、新しいパラダイムというのは、こうして始まるものである。古いパラダイムで不可能だったことが、新しいパラダイムでは可能になる。

ソニーは、ほんのささやかなルールに固執したために、みずから市場を閉ざしてしまった。そして、ミニミルは、鉄鋼産業のパラダイムをすべて書き換えてしまった。新しいパラダイムを開拓すれば、いかに大きなビジネスチャンスがひらけてくるか、古いパラダイムに固執することがいかに愚かか。この二つの逸話は、それを教えてくれる。

## 手榴弾のメーカーがエアバッグを作る

一九八四年のことだった。ポピュラー・サイエンス誌をぱらぱらめくっていると、自動車のエアバッグの新しい仕組みに関する小さな記事が目にとまった。ニュージャージー州リンカーン・パークにあるブリードという名前の会社が紹介されていた。その会社はエアバッグ・トリガーを開発し、その値段はエアバッグも含め、約五〇ドルだというのだ。

このような記事はいつも、わたしの注意を引く。ＧＭ、フォード、クライスラーが、エアバッグのコストは最低でも五〇〇ドルから六〇〇ドルはかかると言っているのを、わたしは知っていた。これはいったい、どういうことだろう。

記事をよく読んでみると、これもやはりパラダイムのすばらしいお話だった。ブリードは、手榴弾の信管など、起爆装置のメーカーだった。

そして、社長は、会社の製品とエアバッグの間には、なにか関係があると思った。エアバッグについて調べていると、二つのフレーズが注意を引いた。「エアバッグは衝撃を感じて飛び出す」という言葉と、「エアバッグはふくらむ」という言葉で、どちらも、会社が得意とする分野だ。そこで技術者を二人呼んで、自社の技術をエアバッグに活かせるかどうか検討するように命じた。

それから一年もたたないうちに、そして四〇万ドルにも満たない研究開発費で、ブリードは、エアバッグのトリガーを開発した。エアバッグのコストが高くなるのは、バッグが高いからではなく、トリガーが高いからだった。

図14を見ながら、仕組みを説明していこう。箱《チャンバー》（B）の中に、ボール・ベアリング（A）がある。ボール・ベアリングは、レバー（C）でうしろの壁（図では左になる）に押さえつけられているため、勝手に動きまわることはない。レバーはDの部分で回転し、ベアリングと反対方向の先端はスプリング（E）で押さえつけられている。ここで発生する圧力によって、ボール・ベアリングは所定の位置に維持される。

ここに衝撃が加わると、ボール・ベアリングはどう動くだろうか。前に（右に）動くだろうか。いや、そう動きたくても動けない。レバーの圧力があるからだ。少なくとも十分な勢いがつかないかぎり、具体的にいうと、時速一五キロ以上で走っていた車が何かに衝突し、約四G

図14

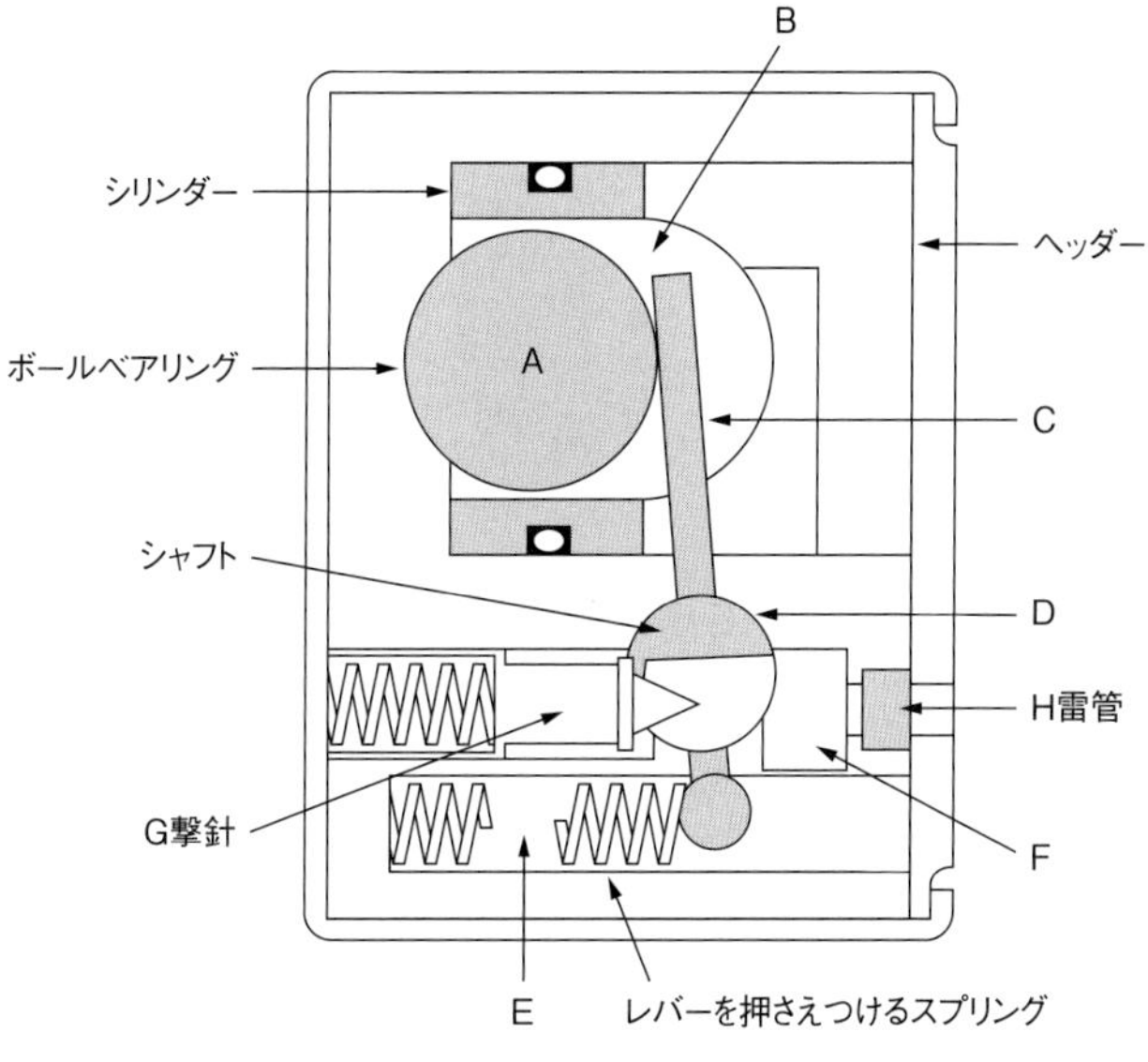

（重力加速度）の力が車にかからないかぎり、そうは動けない。それだけの力が加わると、ボール・ベアリングが前に押し出され、レバーがまっすぐになり、レバーの軸が回転し、撃針（G）を定位置に押さえていたフランジ（F）がはね上げられる。すると、うしろにあるバネの力で、撃針（G）が飛び出し、雷管（H）に突き刺さる。雷管は爆発し、その爆発の圧力で、二種類の化学物質が圧搾されて混ざり合うと、ガスが発生し、そのガスによってエアバッグがふくらむ。

これはすべて三〇分の一秒の間に起こり、ドライバーはハンドルにキスしようとした瞬間、エアバッグにキスすることになる（エアバッグがなければ、シートベルトをちゃんと締めていても、ハンドルに激しくキスする）。

この装置は、一台五〇ドルで作れる。

すばらしいではないか。精密で簡潔で、しかも安い。文句のつけようがない。そこで、ブリードの社員は、ゼネラル・モーターズ（GM）を訪ねた。さて、GMはどう対応しただろうか。玄関払いをくわせたのである。一九九〇年の夏、わたしはGMのキャデラック部門で講演したとき、この話にふれた。講演のあと、二人のエンジニアがやって来て、くやしそうに言った。「ブリードから話が持ち込まれたとき、応対したのはわたしたちです。そして、おっしゃるとおり、話を聞こうともしませんでした」。そして、その二人は、もう一度ブリードの話を聞いてみたいと言っていた。

アメリカのすべての自動車メーカーが、耳を貸さなかった。クライスラーのリー・アイアコッカは許してあげてもいい。一九八九年秋以降、国内で生産される全車種に、ブリードのエアバッグ・トリガーを取り付けるとすでに決定しているからだ。アイアコッカは、パラダイムの開拓者になった。

一九九〇年の秋、ブリードの人たちの前で話をしたとき、現在、世界で自動車メーカー二社が、同社の装置を試験中だと言っていた。その二社とは、ジャガーとトヨタである。トヨタはそれを日本でテストしている。訴訟狂のアメリカでそれを導入すると、うまく作動しなかったときのことが心配だからだ。しかし、完璧さが求められるなら、トヨタがかならず、その要求に応えてくれるだろう。

電動式のエアバッグとコストを比較してみよう。アメリカのメーカーが採用していた電動システムは一台六〇〇ドル、日本のメーカーが採用するブリード社のシステムは一台五〇ドルである。アメリカの自動車メーカーは、また、不公正な競争だと騒ぎたてるのだろうか。

この話を切り上げる前に、ＧＭやフォードのことも少しは弁護しておこう。

「こんにちは。手榴弾を作っている会社の者ですが、お役に立てることがあってお邪魔しました」

こんな風に切り出されたら、自動車メーカーの人は普通、どう答えるだろう。

「わたしどもの技術者二人が、一年のうちに五〇万ドル以下の開発費で、おたくさまの業界が二十年以上かけ、一〇億ドル以上を注ぎ込んでも解決できなかった問題を解決しました」

こんなことを言われて、どう答えればいいだろう。

自動車メーカーがブリードの提案を真剣に検討するのが、なぜそんなにむずかしかったのか。パラダイム効果のせいである。ブリードの人たちは、まったくアウトサイダーだった。どう考えても、それは常識に反しており、長年積み重ねてきた研究成果に反するものだった。

しかし、なぜ、話ぐらいは聞いてみようと思わなかったのか。

この実例には、もうひとつの教訓がある。ある日突然、ブリードの社員が玄関口に現れ、不可能な問題が解決できると言いだしたら、みなさんはいったいどんな反応を示すだろう。世界を変えてしまうパラダイム・シフトに、いちはやく近づきたいと思うなら、その声に耳を傾けたほうがいい。世間には、ブリードのような会社がいくらでもあるにちがいない。

## 新しい写真

次に紹介する話は、産業界ではすっかり語り草になっている。あまりに多くの企業が、大きな魚を逃がしたからだ。

一九四〇年代後半、ひとりの男が大手写真会社の研究室にやって来て、新しい写真について説明したいと言った。赤い箱をひとつ持っており、その中には、ぴかぴかの鋼板と秘密の装置と電球が入っていた。そして、もうひとつ小さな箱を持ち、その中には、こまかい黒い粉が入っていた。

その男は、研究者の前で、ていねいに手順を説明していった。デモンストレーションが終わったとき、奇妙な装置を使っただけで、像は少しぼやけていたが、何が写っているかはわかる写真ができあがっていた。

説明が終わったとき、どんな反応があったか、記録には残っていない。おそらく、現像液もなく、定着液もなく、フィルムもなく、暗室もないことに、質問が集中したにちがいない。そして、最後にはこんなことを言われたのではないだろうか。「そんな発明に興味のもちようがない。それは写真ではない」

実際には、どんなやりとりがあったのかはわからない。しかし、写真会社が何をしたかは、はっきりわかっている。発明者は、パラダイムを変える者がいつも受ける待遇を受けた。ドアを指さされたのだ。ご苦労さまでした。お引き取りください。このアイデアを拒絶したのは、一社だけではない。そのほかに、四二社が拒絶した。

そして、最後に笑ったのは、発明者のチェスター・カールソンだった。バッテル記念研究所の支援を受けて、発明品を改良し、そして、それを商品化してみようと言ってくれる会社を見つけることができた。その会社の名前は、ハロイド社。カールソンが発明したものは、今日、コピー機と呼ばれている。カールソンが発明したのは、静電写真法の原理だった。この新しいパラダイムを商品開発する価値があるという先見の明をもっていたのは、ハロイド社だけだった。ハロイドはその後社名を変えて、ゼロックスになった。ＩＢＭ、コダック、３Ｍ、そして、カールソンを玄関払いした会社はすべて、さぞかし地団太を踏んでいることだろう。

## 人力飛行機

ポール・Ｍ・マクレディ博士は、きっと航空の歴史に名を残すだろう。博士は、歴史に残る人力飛行機を発明した。人間がペダルを踏んでプロペラをまわし、空を飛ぶのが人力飛行機である。そして、博士の成功とその他の人の失敗を分けたのが、パラダイム効果だった。

物語は、イギリスの実業家、ヘンリー・クレーマーが一九五九年にクレーマー賞を創設したことに始まる。この賞は、コースのスタートラインとゴールラインに設けられた高さ一〇フィートの標識（マーカー）の上を飛び、八〇五メートル隔てた二本のポールの間で八字飛行を最初におこなった人力飛行機の設計者に、五万ポンドの賞金を出すというものだった。

世界中の大学が賞金獲得をめざして競争した。そんな飛行機の設計は不可能だと、ほとんどの技術者が考えていた。しかし、一九七七年八月二十三日、マクレディが作り、ブライアン・アレンが操縦する人力飛行機、ゴッサマー・コンダー号が、条件をすべて満たす飛行に成功し、世界をあっと言わせた。

クレーマーはすぐに新クレーマー賞をつくった。今度は、イギリス海峡を横断した人力飛行機に一〇万ポンドの賞金を出すというのだ。そして、二年以内に、マクレディのチームはふたたび挑戦し、ゴッサマー・アルバトロス号でみごとイギリス海峡を渡った。

これと、パラダイムとどういう関係があるのか。サイエンス・ダイジェスト誌一九八三年三月号に掲載された短い記事の中で、マクレディは、なぜ、自分が賞金を獲得し、航空工学の専門家が獲得できなかったのか、こう説明している。

「わたしは、航空機翼の構造設計の経験がまったくなく、ハンググライダーや模型飛行機のことをよく知っていた。それが、わたしの秘密兵器だった。ライバルもハンググライダーのことを知っていたが、標準的な専門技術を知りすぎていたのが仇になった」

人力飛行機の経験を通じ、「実際には存在しない障壁」のために、ものごとをあきらめてしまうことがいかに多いかを知ったという。

「ものを考えるうえで重要なのは、パターン（パラダイム）を作ることだと、すぐにわかった。ものごとをパターン化すれば、どんな複雑な情報でもすばやく整理できる。しかし、これは強みにもなれば、弱みにもなる。パターン化されると、新しい発想が白い眼で見られるようになる」

ポール・マクレディは、航空分野できびしい訓練を受けたライバルとは違うルールをもっていた。だから、自分のパラダイムで問題を解決できた。

## チェルノブイリの盲目

原子力発電所をもつ電力会社で講演したときのこと。話が終わると、原発の研修指導員のデービッド・M・バレリに、チェルノブイリで何が起こったか知っているかと聞かれた。

わたしは大半の人たちと同様、原子炉が溶融して、放射能がまき散らされたことは知っているが、くわしいことは知らないと答えた。バレリは、ほとんど知られていないことがあると言った。それは悲劇であり、わたしが講演したばかりのパラダイムの盲目を絵に描いたような出来事だったという。

事後処理にあたったソ連の科学者のひとり、G・メドベージェフが一九八九年六月に書いた『内部告発』を、その後、バレリが送ってくれた。その本は、チェルノブイリで起こったことを、できるだけ正確に再現しようとしたものだった。読むように言われたところを開くと、爆発直後、原発の技師たちがどのような行動をとったかが、生き生きと描かれてあった。

技師たちは、何が起こったのか、懸命に考えようとした。原子炉は無事だと、信じて疑わなかった。なぜか。設計から考え、原子炉が爆発するはずはないと思い込んでいたからだ。

それで、何が起こったかを見るために、外に飛び出した。地一面を黒鉛が覆っていた。放射線計器の針が振り切れてしまうほどの黒鉛だ。「アスファルトの上に、何かが散らばっている。黒いものが、ぶあつく積もっている。しかし（ジャトロフ副技師長は）、それが原子炉から吹き飛んだ黒鉛だとは思わなかった。（いま見たばかりの）機械室と同様、黒鉛と燃料の真っ赤に焼けた断片が見えた。しかし、見たものが意味するおそるべき事実を受け入れようとはしなかった」（傍点は筆者）

聡明で、よく訓練された技師たちは、原子炉爆発のまぎれもない証拠を見ながら、爆発を示すものは何もないと判断した。彼らの頭の中では、原子炉は無事だった。そう思い込んでいたからこそ、班長のアキーモフは、人びとに、そしてマスコミに、原子炉は無事だと言いつづけた。

火を見るより明らかな証拠が、目の前にあった。それでも、自分たちの設計を信じて疑わなかったために、何が起こったかを示すデータを受け入れようとしなかった。

技師たちは、大量に被曝して死んだ。しかし、ほんとうの死因は、自分たちのパラダイムから離れられず、事実を直視できなかったことにある。

もうひとつ実例をあげて、この章をしめくくりたい。それは、非常に単純で、心にずしりとくる話である。わたしはそれを、デンバーからサンタフェに車を飛ばしているときに知った。妻のスーザンは、車で旅をするとき、よく本を読んで聞かせてくれる。わたしは運転しながら本を読めないし、妻は車の運転が好きではないからだ。言ってみれば、仕事の分担である。そのとき妻は、アン・ウィルソン・シェイフが書いた『女性の現実』を読んでくれていた。それは、文化のパラダイム、性別のパラダイムに関する本だった。白人の男性にとっては、ぎょっとするようなことが書かれている。それまで思ってもみなかった世界が見えてくるからだ。

著者のシェイフは、白人の男性、女性、マイノリティーがまじっている会社のセミナーで話をするとき、いつもこんな実験をやるのだという。「白人男性の社会で成功するために必要な条件を思いつくままにあげてください」

女性とマイノリティーはすぐに、「適合」に必要な条件を書き並べていく。それに対して、白人男性のほうは何もせず、せっせとペンを走らせている女性やマイノリティーの姿を茫然とながめている。二分もすると、白人男性は落ちつかなくなる。騒ぎ出さないうちに、実験を中止しなければならないときもあるという。

多くの場合、パラダイムは目に見えない。それは「いつもやっていること」だから。無意識にやっていることも多い。それでも、かなりの程度、行動を決定するのはパラダイムである。

白人男性であるわたしは、白人男性社会で成功するためのルールを書くことができない。

この話のパラダイムについてのメッセージは明らかだ。生き方、人生観、問題の解決の仕方に、パラダイムは大きな影響をあたえている。自分は何者なのか。自分はどこへ行こうとしているのか。その中核にあるのが、パラダイムである。

わたしたちの判断に影響をあたえるパラダイムの力を無視すれば、将来を探検するときに、大きなリスクを負うことになる。

自分の将来を自分の手でつくるには、自分のパラダイムを変える意思をもち、それを実行しなければならない。

# 第9章

# 二十世紀のもっとも重要なパラダイム・シフト

▼心を込めなければ、質の高いものはできない

二十世紀の「もっとも重要な」パラダイム・シフトを、どうすれば見分けられるか。わたしは二十年近くも、パラダイム・シフトに注目してきた。そして、重要な問題を解決できるかどうかを、重要か否かの判断基準にしてきた。この基準でみると、勝者は一目瞭然である。残念なことに、二十一世紀に入ってから十年が経過するまで、その果実をすべて摘み取ることはできないだろう。しかしすでに、パラダイム・シフトによって、企業も、社会も、経済も、技術も、大きく変貌している。

パラダイム・シフトはどんどん進行しており、足をとめることは絶対にない。

新しいパラダイムがどれだけ凄い力をもっているか、それを理解するために、次の質問に答えていただきたい。一九六二年に、「メイド・イン・ジャパン」と書かれた製品をみたとき、

みなさん（アメリカ人）はどんな印象をもっただろうか。思いつく言葉を、次の余白に書き並べてみてください。

1
2
3
4
5

わたしがこの数年間、同じ質問をして、集めた言葉を紹介してみよう。

| | |
|---|---|
| クズ | 安っぽい |
| ありきたり | 二番目の選択 |
| 安物 | 間に合わせに買うもの |
| 低品質 | 粗悪品 |
| 信頼できない | ものまね |
| ローテク | 三番目の選択 |

ブリキ缶　　模造品
野暮ったい　　おもちゃ
二流　　どうでもいいもの
まがいもの　　ちゃち

みなさんも、だいたい同じような言葉を思いついたのではないだろうか。それでは、もうひとつ質問。現在、「メイド・イン・ジャパン」という言葉から連想するものを、次の余白に書いてください。

1
2
3
4
5

余白を埋めたら、わたしが集めた言葉と比べてみてください。

高品質　　　低価格
先進技術　　世界のリーダー
高い信頼性　コピー
世界で一番　第一の選択
精密　　　　洗練
一流　　　　画期的
優秀　　　　お買い得
欠陥ゼロ　　ハイテク

一目見てわかるとおり、二つのリストは、正反対の言葉であふれている。なぜこのような大逆転が起こったのか。それを調べてみる必要がある。もちろん、みなさんにはたくさんのことがわかっているだろう。しかし、それをパラダイムの観点から検証してみたい。

日本企業は、モノづくりのパラダイムを変えた。その変化は、アメリカ人のW・エドワーズ・デミング博士が、ダグラス・マッカーサー将軍に招かれ、高品質の大量生産について指導するために、日本を訪れた一九五〇年代初めからはじまっていた。日本人は博士の指導に強い感銘を受け、その後、デミング賞が制定された。これを受賞することは、日本企業にとって最高の名誉になっている。

デミング博士は日本人に、品質管理と継続的改善のパラダイムを教えた。日本人は、東京大学の石川馨教授の提唱を組み入れて、QCサークルのパラダイムをつくりだした。そのほかにも数々の経営のイノベーションがあり、日本の文化的伝統も大きな役割をはたし、日本企業は経営と生産の新しい方法をつくりだしていった。

このため、一九六〇年代の終わりから一九七〇年代の初めにかけ、アメリカの小売店や自動車ショールームに登場しはじめた日本製品は、品質でも耐久性でも目をみはるものがあった。アメリカ企業の経営者はこうした事態に直面して、合理的な説明をつけた。それは、それまでのパラダイムに浸りきっている社会がみせる典型的な反応だった。

アメリカのメーカーははじめ、こう考えた。「向こうの工場は新しいし、こっちの工場は古い。だから当然、向こうの製品のほうが質がよくなる。わたしたちも新しい工場をつくれば、同じことができる」

なるほどそういうことかと、だれもが思った。しかし、稼働開始後おなじ年数がたった工場から出てくる日米の製品を比較する数々の調査がおこなわれると、そうは言っていられなくなった。おどろくべき調査結果が出たのである。年数が同じ工場で作られる製品を比べても、日本製品のほうが質がよかった。

そこで、アメリカの経営者はこう考えた。「それは日本の文化だ。日本は単一民族の文化をもっている。労働者の教育水準が高い。みんな、同じ言葉を話す。同じ価値観をもっている。労働組合は企業ごとにある。労働者の大半は地方出身者でよく働く。だから当然、製品の質は高くなる。アメリカよりもはるかに簡単に、意思の疎通がはかれ、合意を得られるからだ。アメリカは多民族国家であり、たくさんの言葉があり、労働組合の力が強く、受けた教育は人によってずいぶん違う」

この説明はかなり説得力があった。しかし、一九七〇年代中頃に、ソニーが、カリフォルニア州のサンディエゴにテレビ工場を建設すると、説得力を失った。サンディエゴといえば、人種のるつぼといわれるほどの都市で、たくさんの言語がいりまじり、カリフォルニア独特の言葉さえある。しかし、こうした多様性にもかかわらず、ソニーは三年もしないうちに、サンディエゴ工場を、自社の世界ベストテンに入る工場に育てあげた。これを見て、アメリカの経営者は言葉を失った。日本の経営システムは、われわれのものよりすぐれている。日本企業が品質の高い製品をつくりだすのは、工場が新しいからでも、文化的に利点があるからでもなく、経営手法がすぐれているからだ。そう認めざるをえなくなった。アメリカ企業はようやく、何が起こっているかを理解した。そして、一九七七年以降、アメリカ企業は日本企業の経営手法を学び、それを取り入れ、日本に追いつこうと凄まじいスピードで走りだした。

日本製品の質が劇的に向上したのは、ルールが基本的に変わったからである。そのいくつかを、じっくり考えてみよう。

総合的品質管理（ＴＱＣ）のコンサルタント、デービッド・ガーウッドは、マイケル・ベインと共著で、『変わるパラダイム―産業の将来』という本を出した。一九九〇年に刊行されたこの本は、ＴＱＣが製造業にもたらした大きな変化をみごとに説明している。

ガーウッドとベインは、二つのリストを作成した。一つは、製造業の古いルール。もう一つは、製造業の新しいルールである。リストを比べると、変化がいかにドラマチックなものか、よくわかる。境界を変えてしまうルールをみつけ、成功というものを定義しなおしたことが、その本のポイントである。製造業のパラダイムは変わったという著者の指摘は正しい。

製造業の古いルールとは、つぎのようなものである。

1　大きいほどよい。どうせ千個の製品を作るなら、三千個作るべきだ。千個でも、三千個でも、生産コストはほとんど変わらない。

2　生産ラインの手直しに時間がかかっても、大量生産するので、一単位あたりの時間は短くなり、問題はない。

3　工場の中は作業別に配置する。部品はまとめて作り、それを他の場所で組み立てる。各部署の間がどれだけ離れていようと構わない。材料や部品を、専門部署から専門部署に送るのが、最適の生産システムである。

4　リードタイムは長いほどよい。材料を早く注文すれば、納期に遅れる心配がなくなる。

5　生産性は、騒音と汗によって測られる。すべての設備が絶え間なく動き、すべての従業員が休む間もなく働いているのがよい。

6　上からの命令に従えばよい。命令系統が下にいくほど、考える必要はなくなる。

7　監督者の仕事は、頭を使い、部下を休ませないことである。従業員の仕事は、休みなく働き、頭を使わないことである。

8　受注残にもとづいて、生産計画を立てる。設備のまわりに材料が山積みになってくれば、生産能力を拡大する必要がある。材料の山が減ってくれば、生産能力を縮小する。

「古いパラダイムは、効率性の危険な坂道に築かれている」と、ガーウッドとベインは書いている。

それでは、製造業の新しいパラダイムとは何か。

1　作れるだけ作るのではなく、必要なものだけ作る。

2　経済的なロット・サイズは、顧客が決める。顧客が求めている数が一個なら、適正なロットは一個になり、顧客が求めている数が千個なら、適正なロットは千個になる。
3　垣根を取り払い、スムーズな流れを重視する。
4　生産性は、効率性や設備稼働率で測るのではなく、費やした時間の合計とコストの合計で測る。
5　リードタイムは短いほどよい。
6　現場の人間にいちばん知恵がある。監督は、現場の知恵を利用して、従業員と力を合わせて問題を解決しなければならない。
7　スケジュールが絶対であり、スケジュールに合わせて生産する。
8　どれだけの生産能力が必要か、はっきりわかる。
9　品質、柔軟性、納期厳守が、重要な査定ポイントになる。

「生産能力主導から、顧客主導に変わった」と、ガーウッドとベインは書いている。二人が言おうとしたのは、製造業の世界はまったく変わってしまうということである。ゲームが変わった。ほとんど何から何まで、古いゲームとはずいぶん違う。

そして、これは製造業に限らない。マリオット、フェデラル・エクスプレス、キャデラックのディーラーなど、サービス業界にも、苦情がきてから直すのではなく、はじめから欠陥のないものを提供する新しいパラダイムが浸透してきた。

また、企業だけの話ではない。ペンシルベニア州のエリーは、一九九九年までに、ＴＱＣコミュニティーになる目標をかかげている。サウスカロライナ州も、同様の目標を設定した。アラスカ州シトカにあるマウント・エッジカム高校は、このパラダイムを使って、めざましい成果をあげている。

しかし、ＴＱＣのすばらしさは、生産性が上がることだけではない。生産性の向上以外に、四つのメリットがある。そして、このパラダイム・シフトは世界のすみずみに大きな影響をあたえている。

## イノベーションの促進

ＴＱＣには、明日は今日よりもよい仕事をやろうという呼びかけが含まれている。絶えざる改良の精神であり、日本語では「カイゼン」という。これは、だれもが創意工夫をもっているという前提からスタートしている。

わたしは、ＴＱＣを実践している会社から、管理職にスピーチをしてくれるよう頼まれたことがある。会長に案内されて、レクチャー・ホールに向かう途中、若い秘書と出会った。会長は声をかけて、こう問いかけた。「サラ、きょうはどんな改善をした」。秘書は打てば響くように、その日改善した点を答えた。

すばらしい。

廊下を歩いていくと、会長はまた若い社員を呼び止めて、同じ質問をし、その社員もまた、即座に答えた。わたしはすっかり感心してしまった。

レクチャー・ホールに着くと、会長はあつまっている管理職に、いま廊下で出会った二人の社員の話をした。いかにもうれしそうに、誇らしげに話した。

あとで、その会長は、会長室にいたためしがないという評判の持ち主だったことを思い出した。いつもふらふら歩きまわっている人だったのだ。社員は、会社の中で、いつ、会長とばったり顔をあわせるかわからない。顔をあわせれば、何を聞かれるかわかっている。そのため、社員はいつも、自分の仕事をどう改善しようかと考えている。そうにちがいない。これなら、まごまごしてはいられない。

アイン・ランドは『肩をすくめたアトラス』の中で、こう書いている。「どんな仕事でも、頭を使えば、創造的な仕事である。他人から学んだルーティンワークを、無批判に、無感動に、くりかえしているだけでは、どんなことをやっても、創造的な仕事にはならない」

ＴＱＣは、毎日がイノベーションの姿勢をつくりだす。

## 自己管理

生産性が上がり、イノベーションに積極的に取り組んでいると、従業員は仕事に誇りをもつようになる。そうなると、自己管理の精神が育ってくるものだ。上からとやかく言われなくても、自分のことは自分できちんと管理できると思うようになる。

そうなると、会社の組織は簡素化していき、ただ命令を伝え、監視するだけの中間管理職は要らなくなる。中間管理職がこのパラダイムに抵抗するのは無理もない。しかし、長い目でみれば、無駄な抵抗である。自己管理は、仕事をうまくやるうえで、もっとも民主的で、もっとも有効な方法なのだ。そして、中間管理職の人も、つまらない仕事から解放されて、もっと生産的な方向、ものごとを革新していく方向に、自分の能力を活かせるようになる。書類の山と格闘したり、縄張り争いをしたり、お山の大将になろうとしたり、そんな馬鹿げたことにエネルギーを使う必要がなくなる。

## 芸術家の魂と職人気質の復活

ロバート・パーシグは、『禅とオートバイのメンテナンス技術』の中で、ギリシャ人は芸術と技術を分けて考えなかったと指摘している。ギリシャ文化の中では、質という共通の価値基準のまえで、その二つは同じものだった。

「テクノロジーの語源techneは、もとは『技芸』を意味した。古代ギリシャ人は、ものを作ることと芸術を分けて考えたことはなかったので、それを区別する言葉をつくらなかった」

芸術家と職人は、自分の仕事を非常に大切にする。凡庸だと言われるくらいなら、死んだほうがましだと思っている。

二十世紀の初め、アメリカの技術者、フレデリック・テーラーは、大量生産の基礎をつくるためだったとはいえ、職人の腕を無用にするルールをつくってしまった。そのルールとは、こういうものである。全員が同じ道具を使う。「正しい」方法が発見されたら、だれもそれを変えてはいけない。組立工程の各作業を単純化するほど、製品の質はよくなる。労働者はただ汗を流し、管理職が問題を解決する。

このルールに従っていれば、かならず、凡庸に向かう。労働者には全力を尽くすことが認められていない。言われたとおりに働くことしか、許されない。

QC運動のすばらしさは、働く人が自分の価値観にもとづいて、全力を尽くすことにある。製品やサービスを改善することが許されれば、だれだって、やる気を起こす。自分の仕事をおろそかにすることはない。

## 心を込めなければ、質の高いものはできない。

心を込めて仕事をすることが、労働という概念を根本から変える。それは、毎日の生活に直接反映される。仕事が好きになれば、当然、やる気がおこる。そうなると好循環が生まれ、生産性はさらに上がり、イノベーションが加速し、仕事がまたいっそうおもしろくなってくる。こうしたことすべてが、次に述べるいちんば大切なことにつながってくる。

## 職場に魂がもどる

ＴＱＣは、職場に魂を呼び戻した。わたしが講演で初めてこの点にふれたとき、聴衆の多くは怪訝な顔をした。講演が終わると、たくさんの人がわたしのところにやって来たが、魂の問題を質問する人がいちばん多かった。

わたしはいったい、何を言いたいのか。まずは、アイン・ランドの言葉を引用してみよう。

## 「人間の魂を殺すもっとも簡単な方法は、つまらない仕事をやれと言うことである」

経営者が社員に向かって、ベストを尽くすなと言えば、それは本質的に、顧客に嘘をつけと言っているにひとしい。こうやれば、もっといい製品が作れる。もっといいサービスが提供できる。そうわかっていても、それをやれとは言われない。はじめから完全を追求すると、コストがかかりすぎる。古いパラダイムがそう教えているからだ。

コストという言葉がさかんに使われるが、働く人間の魂というコストが、その中に含まれていたためしがない。ベストを尽くさずに、ベストを尽くしているふりをすることは、嘘をつくことである。そして、自分を偽ることは、魂を腐敗させる。

パーシグは自著の中で、こう指摘している。善（good）と神（God）、法（dharma）と仏陀（Buddha）の綴りが似ているのは、けっして偶然ではない。意気込み（enthusiasm）という言葉はギリシャ語から来たもので、もともとは「神の魂に満ちた」という意味であった。

儒教、ヒンズー教、ユダヤ教、キリスト教、仏教、イスラム教といった世界の大宗教はすべて、表現こそちがえ、「己の欲するところを、人にも施せ」という律法をもっている。

ＱＣ運動は、この律法を実践している。正しいことを、真っ先にやれ。明日は今日よりも、よい仕事をやろう。大宗教の教えと、なんとよく似ていることか。

妥協することなく最善を尽くすことは、神の魂を職場に呼び戻すことなのだ。この魂が甦れば、仕事をやる意味がまったく変わってくる。それは、欧米社会が二十世紀になってから、まったく忘れていたものである。

**最善を尽くさないことは、神への冒涜にひとしい。**

QC運動によって、自分が信じている宗教と、自分が取り組んでいる仕事が、ふたたび手をつなぐことができた。毎日の仕事に全力を尽くせば、自分の信仰に恥じない行動をすることになる。そして、なんの信仰ももっていない人でも、仕事に全力を尽くせば、大きな喜びを見いだせるはずだ。

新しい世紀を迎えようとしている今、このパラダイムを採用することに、どんな意味があるだろうか。それは、ユートピアに近い世界が現出することだ。

欠陥のない商品ができる。

だれもが明日は今日よりもすばらしい仕事をやろうと思う。

消費者の希望はつねにかなえられる。

製品の性能は上がり、長持ちするようになる。

無駄なことはやらないですむ。

みんな自分の仕事が好きになる。

夢のような話ではないか。

最善を尽くそうとすれば、自然とイノベーションを追求するようになる。イノベーションを追求していくと、いままでまったく知らなかった新しい世界がひらける。将来に責任をもち、自分が正しいと思うことに責任をもつには、イノベーションの影響を予見する力をみがかなければならない。その力がつけば、問題を解決できそうな数多くの選択肢の中から、将来、実現したいと思っていることに、いちばん近づく解決策を見つけることができる。

ここでもう一度、二十一世紀のキーワードを思い出しておきたい。それは、先見性、イノベーション、卓越だった。

パラダイムが変わるときに、何が起こるか。TQCほど、それを如実に示してくれるものはない。TQCのパラダイムによって、世界中に品質病が蔓延したといってもいい。そして、どんな組織であれ、この病気に感染していないところは、次の二十年を生き残るのはむずかしいだろう。

デミング、ジュラン、クロスビーらが先頭を切ったパラダイム・シフトは、単に製造業の革命にとどまらない。それは、人間の魂の革命である。そして、デミングらが切り開いた道を進んで行くならば、わたしたちの生活のすみずみに、最善の追求が浸透していくことがわかるだろう。何を使えばいいのかが変わる。どう行動すればいいのかが変わる。つまり、人間の魂の革命は、わたしたちの人生そのものを変えてしまうのだ。

こうした理由から（理由はほかにもたくさんあるが）、わたしはこう予言しておく。二十一世紀を迎えたとき、二十世紀から受け継いだもっとも重要なパラダイム・シフトは、ＴＱＣだと言われるようになるだろう。

# 第10章 振り出しに戻る

## 不可能なことに挑戦すれば、かりにそれができたとしても、仕事の性質が根本的に変わってしまうのではないか

まだいくらでも実例をあげることはできるが、そろそろ教訓を考えてみたほうがよさそうだ。いちばん大切な教訓をひとことで言えば、「振り出しに戻る」ということになる。

**パラダイムが変わるとき、だれもが振り出しに戻る。**

振り出しに戻るということは、古いパラダイムで確保していた地位にかかわりなく、トップシェアを誇っていた企業も、技術力で他社を大きくリードしていた企業も、製品が高い評価を得ていた企業も、すべて、新しいパラダイムでは、スタートラインにつくということである。それまでのことがすべて御破算になるため、新しいパラダイムを取り入れた企業は、単に競争

力をもつだけでなく、古いパラダイムの巨人を叩きのめすチャンスをつかむことになる。

永遠に王座にとどまる者はいないという意味で、これは一種の民主主義といえるかもしれない。過去の実績ではなく、将来の希望をたくして投票する選挙のようなものだ。巨大企業に戦いを挑み、みるみるうちに市場シェアを奪っていく起業家の成功は、このルールで説明できる。

## IBMとアップル

パソコンの開発と販売ほど、振り出しに戻るドラマチックな例はめずらしい。もしわたしが一九七五年に、こんなことを言ったら、人はどう思っただろう。大学中退の二人の若者がガレージで作りだしたコンピューターによって、当時、世界のコンピューター市場で六〇パーセント以上のシェアをにぎっていたIBMが、五年以内に、製造、ソフト作成、販売、保守のやり方を根本から変えざるをえなくなると。たぶん、まともに受け取る人はいなかっただろう。

ところが、まさにそうなった。スティーブ・ジョブズとスティーブ・ウォズニアクが、アップルコンピューターをつくり、その販売戦略をつくったとき、コンピューターの世界は変わった。彼らのルールは単純だった。ため息が出るほど単純だった。

一九七七年にアップルⅡが世に出たとき、IBMやメインフレーム・メーカーの人たちが鼻で笑ったのも無理はない。しかし、一九八二年になると、そうした人たちのほとんどが、アップルのパラダイムを真似しようとしていた。

だれもが振り出しに戻るということを考えてみるために、ＩＢＭが一九七五年当時に守っていた四つのルールを思い出してみたい。その四つのルールがあったからこそ、ＩＢＭは成功した。

**1** ＩＢＭはコンピューターの心臓部であるＣＰＵをつくる。事実、この分野でＩＢＭは群を抜いていた。

**2** ＩＢＭはつねに、自社の有能なソフト開発者を使って、自社製コンピューターのソフトをつくる。

**3** ＩＢＭの製品は、ＩＢＭの優秀なセールスマンが売る。世界でいちばん優秀なセールスマンが売るのだから、製品はかならず売れる。

**4** ＩＢＭの社員以外はだれも、ＩＢＭ製品の中を見てはいけない。場合によっては、カバーを外しただけでも、保証は無効になる。

ほかにもルールはあったが、一九七〇年代、この四つが、ＩＢＭパラダイムの成功の核心だった。

そのとき、アップルが登場した。ジョブズとウォズニアクは、パソコン市場を開拓したいと思っていた。そして、そのために、新しいアプローチ、新しいモデル、新しいパラダイムをつくった。ジョブズとウォズニアクのルールを見てみよう。

1　アップルは自前でマイクロプロセッサーをつくる力はないので、それはよそから買う。
2　アップルはソフト・プログラマーを大勢雇う余裕はないので、小さなソフトハウス、マイクロソフトと契約を結んで、ソフトをつくってもらう。
3　アップルはできたばかりの会社であり、セールスマンは少ししかいないので、全国の小売店をとおして製品を販売する。
4　自社製品の用途を広げるため、ユーザーがコンピューターの箱を開けられるように設計し(ケースを簡単にはずせるよう、ふたにとりはずし可能な金具をつけた)、自社にかぎらず、ほかのメーカーからも、ユーザーが新製品を購入し、それを組み合わせて、パソコンの性能と柔軟性を高められるよう、空のカード・スロットをつくっておく。

ＩＢＭのルールとアップルのルールはまるでちがう。それでは、ＩＢＭは一九八二年にどのようなルールのもとにパソコン市場に参入していったのだろうか。

1　ＩＢＭはパソコンのマイクロプロセッサーはつくらず、ほかから買う（これはアップルのやり方だった）。

2　ＩＢＭはパソコンのソフトを外注する（これもアップルのやり方であり、しかも、契約したソフトハウスはアップルと同じマイクロソフトだった）。

3　ＩＢＭは、シアーズやコンピューターランドなどの小売店をつうじてパソコンを販売する（アップルとまったく同じやり方である）。

4　そして、アップルのように、ＩＢＭは、顧客が箱を開けやすく、ほかの機器を接続できる空のスロットを使いやすいように設計する。

以上のことはすべて、アップルが先にやっていたことだ。大成功したコンピューターのパラダイムをもつＩＢＭのような巨人でさえ、新しいゲームに参加するには、アップルのルールに従わざるをえなかった。そして、最大のポイントは次のことにある。ジョブズとウォズニアクは、新しいパラダイムをつくっただけで、世界最大級の会社に大きな影響をあたえた。

断っておくが、わたしはＩＢＭを非難しているのではない。大成功をおさめてきたパラダイムから外に飛び出し、パソコン市場に参入するために、違うパラダイムを取り入れたことを、ほめているのだ。経営陣の中に、こう理解する人がいたことは称賛に値する。ルールが変われば、IBMも変わらざるをえない。古いIBMのルールでは、パソコンのゲームには参加できない。ゲームに参加するには、アップルのルールに従う以外にない。

アップルがルールをつくったというところがポイントである。きちんとしたルールをつくったから、新しいパラダイムは強力なものになった。そして、ほかの会社がついてきた。アップルはルールをつくって、一九七五年には存在していなかった市場をつくりだした。今世紀末には一千億ドルの市場になると予想されるが、そこまで市場が大きくなるのはパラダイムが変わったからである。

## スイスの時計産業

冒頭で述べたスイス時計のことを思い出していただきたい。スイスは六十年以上にもわたって、世界の腕時計産業を支配していた。だれがみても、その支配は続くと思われた。しかし、クオーツ時計の登場で、スイスの時計産業は振り出しに戻ってしまった。スイスの時計メーカーが得意だったものはすべて、役に立たなくなった。世界でいちばん精密な歯車をつくる技術が、無用になった。すばらしいベアリングをつくっても、だれも振り向いてくれない。どんなに精密な主ぜんまいをつくっても、ほしがる人はいない。古いパラダイムで蓄積してきた力がすべて、新しいパラダイムでは価値がなくなってしまった。

## 太陽エネルギー

イースト・ロサンゼルスにある発電会社、ルース・インターナショナルは、鏡を使って、キロワット当たり八セントで発電している。燃料は光子。凹面鏡で、オイルを満たした管に太陽光を集める。オイルは摂氏四〇〇度以上に熱せられ、その熱で水蒸気を発生させて、タービンをまわす。このために、だれが振り出しに戻ったか。石炭を使う火力発電所、その発電所用の機器や公害防止装置を作っていた会社、石炭を発電所まで運ぶ鉄道会社などが、振り出しに戻った。

突然、ルールが変わってしまった。石炭会社が凹面鏡メーカーに変身できるだろうか。

## 総合的品質管理（TQC）

TQCについても同じことがいえる。何をやるか、いつやるかを、部下に命令するのに慣れていた古い型の管理職は、することがなくなってしまった。部下が自己管理のチームをつくり、自分たちの判断でどんどん仕事を進めていくようになったからだ。管理職はほとんど無用になった。振り出しに戻ったのである。TQCに抵抗したほとんどの人が、中間管理職だったのは当然といえば当然だった。

## 電子ブック

大手出版社の副社長と話をしたとき、「いったいどんなものが出てきて、うちの会社が振り出しに戻るというのか」と質問された。そこで、ソニーのデータ・ディスクマンを知っているかと聞いてみた。知らないという返事だった。

出版社が得意なものといえばなんだろう。著作権を買うこと。多くの人に読んでもらえるように編集すること。本の装丁をデザインすること。活字を組むこと。低コストで大量の本を印刷すること。本を売ること。正しいタイミングで正しい場所に、本を送ること。本の代金を回収し、その中から著者に印税を払うこと。

レーザー技術を使ったソニーのこの装置は、本を読むのではなく、ＣＤを読む。このＣＤに入っているのは、音楽ではなく、文字である。明暗がくっきりするバックライト付き液晶画面で文字を読む。暗いところでも読める。三・五インチのディスク一枚に、八万ページ以上の情報を入れることができる。今後五年以内に、さらに改良されて、モデムを使って本をまるごと空のディスクに転写し、読者が必要と思う箇所を記録、保存し、それを読者のコンピューターにダウンロードできるようになると予想される。

出版業界はどんな影響を受けるだろうか。これまでの印刷のやり方は、時代遅れになる。紙が要らなくなり、製本する必要もなくなるだろう。

本を読むのではなく、ディスクを読む人が増える。画面によって字数行数が変わってくるので、写植をつくっても意味がない。

空のディスクに転写できるようになれば、本を買いに行く必要もなくなる。読みたい本があれば書店に電話をかけ、装置を電話に接続すればよい。そうすれば、信号が送られてきて、空のディスクにどんどん文字が埋まっていく。転送は数秒間で終わる。あとは、電話料金と著作権料と電送手数料を払えばよい。それだけである。紙をつくるために、木を切り倒すことはない。書店まで車を飛ばす必要はない。書籍を積んだトラックがあちこち走り回ることもなくなるだろう。すばらしいではないか。

そして、八万ページもの本を簡単に持ち歩けるのだ。装置の重さもいずれ、五百グラムを切るだろう。目が悪い人は、好きなだけ字を大きくできる。

もちろん、出版社が得意としているものすべてが、振り出しに戻るわけではない。しかし、印刷のコストなど、新規参入を防いできたいくつかの要因は、消えてなくなるだろう。これからは、ハードウェアの勝負ではなく、社員の頭の勝負になる。

業界全体を振り出しに戻してしまうパラダイム・シフトの威力を理解していただけただろうか。

## パラダイム・シフトの問題

それでは、それぞれの立場で、振り出しに戻ってしまいかねない状況を考えてみよう。この問題を考えていくと、自分の境界の外にある世界が見えてくる。

**研究分野でも、会社の部署でも、技術でもなんでもいいが、自分が携わっている仕事で、不可能なことに挑戦すると、かりにそれができたとしても、仕事の性質が根本的に変わってしまうのではないか。**

この疑問は、胸がわくわくするような創造的な答えを引き出してくれる。きわめて重要な二つの言葉に注意を集中することになるからだ。第一に、「不可能」なことに挑戦すれば、自分の境界から外に足を踏み出すことになる。「不可能」というのは、境界を意味する言葉であり、不可能を突破すれば、境界を突破することになる。第二に、「根本的に」という言葉は、必要となる変化の度合いを意味している。表面が変わるだけではない。根本から変わるのだ。この二つの言葉の意味を考えていけば、パラダイム・シフトの意味が鮮明に浮かび上がってくる。

まわりにいるすべての人に、先の質問をしてみよう。ほとんどの人が、当たり障りのない答えをするだろう。中には、「こんなことができたらいいのに」と、突拍子もないことを言いだす人もいるだろう。そういう夢のようなことを言いだす人が、未来を切り開く。

どんなことができたらいいと思っているか。それを聞いてみると、不可能の効用がわかる。わたしは一九八〇年代の初め、クレイ・コンピューターの幹部に、この質問をしてみた。答えは、並列処理だった。並列処理とは、複数の小さなコンピューターをつなぎ合わせて同時にひとつの仕事をさせることである。これができれば、コストを最大九〇パーセントも削減しながら、しかも演算速度を早められる。しかし、どの会社もそれはできなかった。

現在、こうした並列処理コンピューターは商品化されている。一九九〇年代後半には、並列処理コンピューターが、スーパーコン市場の多くの分野を支配しているだろう。可能になる十年も前から、何が不可能かを知っていたから、コンピューター・メーカーは、その問題に取り組むことができた。そして、不可能を可能にしたのである。

食品会社で同じ質問をしたとき、若い食品科学者はこう答えた。「穀物、油、砂糖、塩、イーストといった材料を放り込み、ダイアルをまわせば、それでお好みの食品ができるような機械ができれば、すべてが変わるだろう」

たしかにそうだ。しかし、どれだけの食品会社が、そうした機械をつくるのに必要な変化を起こそうとしているだろうか。そんな兆候はどこかに見られるだろうか。見られる。日本のパン焼き機がそうである。

いろいろな人に同じ質問をくりかえし、その答えに耳を傾けよう。つねにそうした姿勢でいれば、自分の境界の外にある見知らぬ世界を垣間見ることができる。その見知らぬ世界の動きしだいでは、自分がいつ振り出しに戻ってしまうかわからない。

パラダイムとは何か。パラダイムはどのようにして変わるか。振り出しに戻らないためには、それを知っておくことが、いちばん大切である。パラダイムの変化は、だれにも止められない。ＩＢＭは、パソコンの登場を阻止できなかった。ＧＭは、アメリカにＴＱＣが普及するのを止められなかった。スイスは、クオーツ時計の発展を食い止められなかった。

そうした変化にいちはやく気づき、それが何であるかを知っていれば、パラダイム・シフトを予見でき、開拓者といっしょに新天地に出発できる。そうすればかならず、新しいパラダイムの中に身を置くことができるだろう。

# 第11章 パラダイムの重要な特徴

▼信じれば、見える

パラダイムについて、いくつかの結論を引き出してもいいところまで来た。パラダイムには重要な特徴が七つある。自分の将来を予見し、イノベーションの力をみがきたいと思うなら、この七つだけは、ぜひとも覚えておく必要がある。

## 1 パラダイムはどこにでもある

トーマス・クーンは『科学革命の構造』を書いたとき、パラダイムはどこにでもあるとは考えていなかった。サイエンティフィック・アメリカン誌、一九九一年五月号に掲載されたインタビューの中で、クーンは、パラダイム理論がいい加減に使われ、一般化されていく傾向に不満をもらしている。たしかに、濫用されているケースがあると、わたしも思う。たとえば、パラダイムを構成するたくさんのルールのうち、ひとつが変わっただけで、パラダイムが変わったと言う人がいる。境界が変わらず、成功の基準が変わっていないのならば、ルールがひとつ変わっただけで、パラダイムが変わったとはいえない。しかし、本書の第3章に示した定義にもとづけば、科学だろうと、ビジネスだろうと、文化だろうと、いたるところにパラダイムを見ることができる。

科学のパラダイムと、その他のパラダイムとの決定的な違いは、科学者が自分たちのモデルを「証明」するときの測定の正確さである。そのうえ、科学では、実験の方法と結果を公開しなければならないので、先人の業績をフルに活用できる。

しかし、わたしたちは、あの人は礼儀正しいとかマナーが悪いとか、裁判でどちらが正しいとか、レンガの壁がまっすぐかどうかなど、実にさまざまなことを測定している。仕事に使っているパラダイムの中で、たくさんの問題を解決している。わたしたちの判断が、科学者の判断よりも主観的で、ひとによって差があるというだけの話である。

パラダイムはいたるところにある。取るに足らないものも多い。そのルールや規範が世界に大きな影響をあたえないパラダイムもたくさんある。しかし、大小を問わず、すべてのパラダイムが、その中にいる人たちのものの見方や考え方、問題を解決する方法に、同じ影響をあたえる。

## 2　パラダイムは役に立つ

わたしはこれまで、パラダイムの効果と影響について、いろいろなことを述べてきた。わたしは、パラダイムを何か望ましくないものと考えている。そう受け取った読者もいるかもしれない。そうではない。パラダイムがなければ、人間は問題をうまく処理できない。この複雑な世界で生きていくためには、ルールが必要なのだ。方向を示すルールがなければ、情報が氾濫しているこの世界では、右往左往するばかりである。

パラダイムは役に立つ。重要な情報と、重要でない情報を区別するのを助けてくれるからだ。情報をどう見るか。それにどう対応するか。それを教えてくれるのは、ルールである。

パラダイムがいかに有用かを説明するために、わたしの家族の話を紹介してみたい。息子のアンドリューは、小さい頃から、わたしがテニスをするのを見てきた。しかし、十五歳になるまで、テニスにはなんの関心も示さなかった。十五歳のときに、テニスの練習をはじめた。そして、しばらくたったとき、「全米オープンを見に行きたい」と言いだした。テニスなんかに興味がなかったのにと聞くと、「どこを見ればいいのかわかってきたから」と言う。息子はテニスのパラダイムを学んだのだ。それまでも、テニスの試合をテレビでは見ていた。白いウエアを着た二人が、グリーンのコートをかけまわり、ちっぽけな白い球を打ち合っているのは見ていた。しかし、プレーを理解し、評価する判断基準をもっておらず、ルールも知らなかったため、テニスの試合は意味のないものだった。

　テニスの練習をはじめると、ルールがわかってきた。ドロップ・ショット、トップスピン・フォアハンド、スライス・バックハンド、ハーフ・ボレー、オーバーヘッドなど、さまざまなテクニックもおぼえた。作戦というものがわかってきた。そして、ある日、それまで意味のなかった情報が、理解できるもの、興味あるもの、有用なものになった。なぜか。パラダイムを学んだからだ。わたしたちはだれでも、パラダイムを学んだときに、新しいことを理解する。

　仕事のチームでも、文化のサークルでもいいが、人間が何人かあつまると、問題を解決する力が何倍も大きくなる。それぞれの人が、自分のパラダイムをもつ人が集まれば、それだけ対処できる世界は大きくなる。違うパラダイムを使って、問題を解決できる領域をもっている。たくさんのパラダイムを適用して、複雑な世界に対処していけるのは、この多様性があるからだ。長い目でみれば、ひとりよりも、グループのほうが、はるかに大きな力をもつ。

　多様な文化はアメリカを「弱くする」から、移民を受け入れるなという意見を聞くたびに、わたしが反対する理由はここにある。文化の多様性が、アメリカの問題解決能力を高めてきたことを知っているからだ。アメリカの移民法は、多様性を刺激し、促進する役割をはたしてきた。このアメリカの強さを、なぜ放棄する必要があるのだろう。

## 3　パラダイム効果は、「見ると信じる」の常識的な関係をくつがえす

「見れば、信じる」という言葉をよく耳にする。この本をここまで読んできた方なら、その反対であることに気がつかれただろう。「信じれば、見える」というほうが正確なのだ。言い換えれば、ルールを理解してはじめて、微妙なところが見えてくる。よく見るためには、パラダイムが必要なのだ。

教師なら、だれもが経験するだろう。わたしにも経験がある。ある概念を説明していると、その情報が目の前にあっても、理解できない学生が多い。しかし、その原理を理解しはじめると、「わかりました」という声があちこちからあがる。何がわかったかといえば、パラダイムがわかったのだ。ものの見方が大きく変わったのである。

「信じれば、見える」というパラダイムの特徴は、企業経営者にはとくに重要なところである。新人社員の中に、なかなか環境に適応できない人間がいるのはこのためだ。新人社員は会社のパラダイムに適応しようとしているのであり、そのルールが理解できるまで、長い間会社で働いている人の目にはっきり見えるものが見えない。なかなか適応できない人は、すこし頭が足りないのではないかと考えたくもなる。しかし実際には、頭がよすぎる場合もある。ただ、会社のパラダイムを理解できないだけなのだ。

裏を返せば、経営者にとっては、このときがチャンスである。第5章で紹介したマリオッ

ト・ホテルの話を思い出してほしい。新入社員はルールを知らない。だから、古株の社員に見えるものが見えない。逆の見方をすると、目が曇っていないので、会社のパラダイムにどっぷり浸かった社員にはもはや見えなくなった重要なものを見る能力をもっている。

だから新入社員は、見えない弱さと、見える強さをもっている。見ることを学ぶまで、やさしく扱うことが必要だ。そして、新鮮な見方をうまく活かせば、経営者は思ってもみなかったことを発見できる。

## 4　ほとんどの場合、正しい答えは二つ以上ある

ジェイコブ・ブロノフスキーは『人間の進歩』の中で、正しい答えを見つけるのは不可能だと書いている。「絶対的な認識などというものはない。それがあると言い張る人は、科学者であれ、教条主義者であれ、悲劇への扉を開けることになる。情報はすべて、不完全なものである。この点をわたしたちは謙虚に考えなければならない」

なぜ、そうしなければならないのかを、パラダイム効果が教えてくれる。パラダイムを変えれば、世界の見方が変わる。だからといって、それまでと矛盾する見方をするわけではない。それまでのルールで見ていた世界の部分と同じ現実感をもって、別の部分が見えてくるのである。しかし、パラダイムが変われば、手に入れる情報も変わってくるので、世界で起こったこ

とを二通りに解釈する場合も出てくる。そして、二つとも正しいという場合もある。

正しい答えは一つしかないと思い込んでいる人は、パラダイムのこの特徴を見落としている。

## 5 あまりに深く根づいたパラダイムの中にいると、パラダイムの麻痺を起こす。これは確信という名の疫病である

不幸なことに、パラダイム麻痺はかかりやすい病気であり、それが命取りになることもめずらしくない。頂点を極めたあと、この病気にかかり、息絶えた組織は、一つや二つではない。これは「カテゴリー硬化症」ともいえる。全盛期に発病する。わたしたちはだれでもパラダイムをもっているが、成功して、大きな力を手に入れると、自分たちのパラダイムを永遠のパラダイムにしてしまいたい誘惑にかられる。そのパラダイムにうまく適応できて、成功したのだから。パラダイムが完全に定着すれば、それ以外のパラダイムはどんなものでも、間違ったものに思えてくる。「それは、うちのやり方じゃない」。こうした硬直化は、あらゆる組織のあらゆるレベルで起こり、やがて、新しい発想を窒息させるようになる。

穏やかな時代には、変化はゆっくり進行するので、唯我独尊になっても、すぐに機能不全にはならない場合もある。そのルールが長い間通用する場合もある。しかし、ひとつのやり方に固執すると、ほかのやり方が目に入らなくなり、激動の時代には、非常に危険である。状況は

大きく急速に変わるので、六か月前に正しかったことが、いまも正しいとは限らない。

アーサー・C・クラークは『未来のプロフィル』（原著は一九六二年初版）の中で、こう書いている。「不可能だという先入観をもって仕事にとりかかる優秀だが保守的な科学者や技術者が、いかにわずかなところで的を外してしまうかは、驚くばかりである」

また、こういう言い方もしている。現在、クラークの第一法則と呼ばれるものである。「権威ある高齢の科学者が、何かが可能だと言うとき、それはほとんど正しい。何かが不可能だと言うとき、それは多分、間違っている」

パラダイム麻痺は、組織内のイノベーションに重大な影響をあたえる。なぜ、イノベーションがそれほどむずかしくなってしまうのか。永遠のパラダイムが定着しているからだ。したがって、態度を改め、もっと柔軟にものごとを考え、殻を破って新しいパラダイムを求めようとしない限り、新しいすばらしいアイデアはつねに、よそのだれかが発見することになる。

## 6　激動の時代には、パラダイムのしなやかさが最善の戦略になる

パラダイム麻痺の反対にあるのが、パラダイムのしなやかさである。それは、ものごとの新しいやり方を果断に求めていくことである。つねに自分のパラダイムに疑問をもち、パラダイムを変える人に次のような疑問を投げかけていく積極的な行動姿勢である。

**自分の分野で不可能と思えることが、もし可能になるなら、仕事の性質が根本から変わってしまうだろうか。**

さらにこう質問してみる。

**自分の分野外で、自分が解決できない問題に関心をもつ人がいるとすれば、それはどんな人だろうか。**

この二つの質問が、新しいパラダイム追求の出発点になる。そして、その追求をつづけていけば、新しいパラダイムを発見する確率は飛躍的に高まる。

自分の専門分野について、「そんな馬鹿な」と思うことを耳にしたら、それをとことん考えてみるべきだ。自分が正しいと信じていることと矛盾するデータに出くわしたら、そのデータをじっくり検討してみなければならない。そのデータが結局、馬鹿げたもので、まったく間違っていたとしても、心を開く姿勢を保ちつづけていれば、いつかかならず報いられる日が来る。

しなやかになるには、まず心を開くことだ。自分のパラダイムと正反対のことを言う人に出会ったら、なぜ、それが不可能かを説明したい気持ちを抑えて、こう言うべきだ。

「そんなことは今まで、考えてもみなかった。もっと話を聞かせてくれ」

そして、その話にじっと耳を傾けなければならない。そういう姿勢をとっていれば、すばらしいアイデアが次から次へと耳に入ってくることに、びっくりするにちがいない。

## 7　人間は自分のパラダイムを変えることができる

わたしが将来について楽観的な見方をしているのは、人間はパラダイムを変えることができると考えているからだ。人間は、たったひとつの世界の見方しかできないように作られているわけではない。さまざまな角度から世界を見られるようにできている。

この力を、自由意思と呼んでもいいし、自己決定と呼んでもいい。呼び方はどうであれ、人間は世界を新しく見ることを選べるのだ。

そうなると、どういう結論が導き出せるだろうか。わたしは、パラダイムという概念について考えるようになってから、人びとがいかに理にとらわれているかがわかった。

まったく違う考え方をする人と話をするとき、わたしは、事実が違うということではなく、パラダイムが違うということに注意をはらう。ほとんどの場合、パラダイムが違うということで、考え方の違いを説明できる。その人も、わたしと同じものを見ているのだが、データをよりわけるフィルターが違うために、見えるものが違ってくる。

クーンはこう言っている。違うパラダイムをもつ人と話をするときは、違う言葉をもつ人と話していると思わなければならない。相手の言葉がわかるようになるまで、明確に意思の疎通をはかることはできないと。確かにそのとおりだと、わたしは思う。

だから、考え方の違う人に出くわしたら、自分の口は押さえて、相手の話を聞いたほうがいい。ほとんどの場合、じっと話を聞いていれば、相手がどんなパラダイムをもっているのかわかってくる。そして、そのパラダイムがわかれば、相手の言うことがわかるようになる。相手の考えに同意する必要はない。しかし少なくとも、どうして違うのかはわかる。

自分の将来を予見するうえで、パラダイムという概念がなぜ、それほどまでに重要なのか、以上の七つの原理でおわかりいただけたと思う。

# 第12章 管理者とリーダーとパラダイム

## パラダイムからパラダイムへ導いていく

過去数年間、ウォーレン・ベニスのような人たちが、管理者（マネージャー）とリーダーの違いについて、重要な指摘をしてきた。管理者もリーダーも、それぞれ重要な役割をになっている。パラダイムの原理に照らして、それがどんな役割であるか考えてみよう。

経営者や管理職に対しては、すでにいくつかの提言をしてきたが、先見性とイノベーションの力を高めるのに欠かせない点を、さらに三つほど指摘したいと思う。

自分の分野でリーダーになろうとしている人には、また別な提言がある。今後二十年間、リーダーシップはきわめて重要なものになるので、パラダイム・シフトと人を導くことの間に、どのような関係があるのかをきちんと理解しておく必要がある。

図15

それではまず、管理者の方からはじめよう。

## 1　パラダイムのしなやかさを部下に求めるなら、みずから模範を示さなければならない。

イノベーションに挑戦し、新しいアイデアを出すのだが、上の人が取り上げてくれないという苦情を何度聞かされたかわからない。上に立つ者が率先して、ルール破りを奨励する姿勢を示さなければ、部下がそういう行動をとるはずがない。マサチューセッツ州、バーリントンのマリオット・ホテルの総支配人がやったことが、まさにそれだった。心を開き、耳を傾けて、部下が境界の外に踏み出して、古い問題を解決する新しい方法を見つけてくれるよう願っていることを示した。

第5章で紹介した研究所の女性は、そういう環境に恵まれなかった。いくら「ビッグ」アイデアをもっていても、経験が浅いといって相手にしてもらえなかった。

上に立つ者が新しいパラダイムの追求に積極的になれば、下の者も積極的になる。

一九九一年の春に、アップジョンを訪ねたときのことである。ジャック・A・シャロック事業開発部長が、部下を境界の外に飛び出させることについて、とても参考になる話をしてくれた。それを図にしてみたのが、図15である。

境界から外に飛び出すと、基本的に二つのことが起こる。ひとつは、新しい見知らぬ領域（A）でも、それまでのパラダイムのルールが通用するのを発見することだ。この場合、古いパラダイムの領土を拡張したと言うことができる。習熟したルールを使って、それまでよりも多くの問題を解決できるようになる。

一九七〇年代に、ピストン・エンジンのパラダイムで起こったことがそうだった。ピストン・エンジンを使っていては、環境基準と燃費効率基準を守れないので、それはもうダメだとだれもが言っていた。しかし、古いパラダイムから一歩外に出てみると、エレクトロニクスの力を借りれば、ピストン・エンジンは生き延びることができるし、現在のパラダイムでも新しい問題を解決できることがわかった。

もうひとつは、これまでくりかえし述べてきたことである。つまり、足を踏み入れた新しい領域（B）では、問題を解決するには、新しいパラダイムが必要になるケースである。

いずれの場合も、失うものは何もない。どちらの領域へ進んでも、重要なことを発見できる。

しかし、管理者は、境界を突破する姿勢を明確に示さなければならない。

## 2　クロストークの場を設け、活発に意見が交換される環境をつくらなければならない。

クロストークとは、専門分野の違う人、はたらく部署の違う人が大勢あつまり、いっしょに問題点を話し合うことである。立場の違う人のパラダイムを使えば、解決策が見つかる場合が多いため、この話し合いは重要である。

ポイントは、ほかの人が抱えている問題を理解することだ。数週間後、あるいは数か月後に、管轄外の人が、問題解決につながるデータやアイデアを見つけてくれるかもしれない。ほかの人がどんな問題で苦しんでいるかを覚えていて、新しい解決策を考えついたときはすぐに教えてくれるだろう。

モトローラでは、これを「空白の管理」と呼んでいる。だれも横断しない部門間のスペースを管理するというのだ。二十一世紀には、この空白を頻繁に横断できる会社が成功する。

## 3　馬鹿げた考えに耳を傾ければ、イノベーションの大きな力を手に入れることができる。

ミネアポリス・アート・デザイン・カレッジ、ビジュアル研究プログラムの発案者であり責任者であるジェリー・アランは、「二十一世紀には、重要なものはすべて、ハイフンでつながれる」と言っている。とんでもないアイデアも決して無視しない管理者が優位に立つ理由はここにある。ほんとうにすばらしいアイデアが出てくるためには、馬鹿馬鹿しいアイデアが百個は出てくる必要があると、第4章に書いたことを思い出してほしい。しかし、ここで少し訂正しておきたい。第4章では、それぞれのアイデアを脈絡のないものとして考えていた。

そうでない場合もある。たとえば、五番目のアイデアが出てきたとしよう。馬鹿馬鹿しいと、またガッカリする。しかし、そのアイデアを出してくれた人には感謝すべきだ。そして、いつでもまたアイデアを聞かせてほしいと頼んでおこう。なにしろ、百個のアイデアが必要なのだから。

そして、三十七番目のアイデアが出され、それもまったく馬鹿馬鹿しいものだった。しかし、そのアイデアを出してくれた人には、心から感謝しなければならない。

そして、六十六番目のアイデアが出される。これもお話にならない。しかし、三十七番目と五番目を思い出し、その三つをつなげてみると、すばらしいアイデアが生まれた。これが、ハイフンでつなぐという意味である。

六十六個もの馬鹿馬鹿しいアイデアに辛抱強く耳を傾ける人が、はたして何人いるだろうか。ほとんどいないだろう。たくさんのアイデアを聞き、そのいくつかを結びつけて考える管理職は、会社のために、大きな力、それまでになかった力を手に入れることになる。しかし、そのためには、つねに注意をはらい、心を開いていなければならない。

次に、リーダーシップについて考えてみよう。

一九八八年の夏、わたしに電話をくれたヒューレット・パッカードのリンダ・ダンバーには感謝しなければならない。リーダーシップについて話し合うフォーラムへの参加を呼びかけられ、わたしは「リーダーシップ」とは無縁の人間だから、ウォーレン・ベニスにあたったほうがいいと答えた。

そのとき、ダンバーはこう言った。パラダイムとリーダーシップは手を携えて進むものであり、そのことに気づいていないとは呆れたと。

わたしたちは種類こそ違え、だれでもパラダイムの麻痺を経験する。そのときのわたしがそうだった。パラダイム・シフトとリーダーシップの間には、どんな関係があるのか。ダンバーのおかげで、その問題に目を向けることができた。

リーダーとは何か。わたしの定義はこうである。

**人びとがみずから進んでは行こうとしない場所に、人びとを導くのがリーダーである。**

わたしは、たくさんの定義を調べ、リーダーの特徴は理解していたが、リーダーシップの核心をつかんでいなかった。リーダーの特徴を並べたものを見ると、なぜ、人びとがリーダーのあとについていくのかはわかる。わたしの定義が中立的なものであることに注意してほしい。ヒトラーはわたしの定義に合致する。多くのドイツ人が、みずから進んでは行こうとしなかった場所、すなわちナチに、多くのドイツ人を導いたからだ。

わたしの定義を念頭におきながら、つぎの二点について考えてほしい。

**管理はパラダイムの中でおこなうもの。**
**パラダイムの間を導くのがリーダー。**

これが、パラダイムとリーダーシップの関係である。パラダイムの中で管理するためには、何が必要だろうか。ルール、原理原則、システム、基準、プロトコルが必要になる。すぐれた管理者にシステムをあたえれば、システムは最適化されるだろう。それが、管理者の仕事である。これを「パラダイムの強化」と呼んでおこう。

パラダイムの強化とは、ルールをつくり、それを改善していくことだ。パラダイム曲線でいえば、フェーズBに移る段階である。わたしたちは、このためだけに、人生の九〇パーセントの時間を使っている。それが進歩の形であり、改善にいたる普通の道だから。これを、進化と呼んでもいい。TQC運動は、まさにパラダイムの強化である。パラダイムを強化することが成功への道であり、管理者の本分である。

しかし、パラダイムの間を管理することはできない。まだ成功しているパラダイムを捨て、正体不明の新しいパラダイムに進むことは、きわめてリスクが大きい。しかしリーダーは、直観的な判断にもとづき、リスクを査定し、パラダイムを変えることが正しいと決断する。あとに従う勇気を人びとに与えるのが、リーダーだ。

この種の変化、つまりパラダイムの変化に使う時間は、人生の一〇パーセントにも満たない。しかし、人生の九〇パーセントを使うパラダイムの強化と同じくらい、それは重要である。パラダイムの強化より重要だとは言わないが、同じくらい重要であることは間違いない。

二十一世紀に成功するには、この二つの変化に十分対応しなければならない。ただ一方の変化だけでは、絶対に成功しない。

パラダイム強化の技術を身につけることなく、パラダイムを変えれば、ＴＱＣに習熟したパラダイムの開拓者に太刀打ちできない。パラダイム・シフトの技術をもたずにパラダイムを強化していけば、時代遅れになった製品やサービスの改善をつづけていくことになる。時代遅れになったものをいくら改善しても、だれも見向きもしない。

したがって、二種類の変化を知り、理解し、利用する必要がある。

この本は、リーダーにとって有益な本になるはずだ。読みおわったときに、進むべき方向がはっきり見えてくるだろう。しかし、パラダイム・シフトの「管理」のやり方を学ぶことはできない。そもそも、パラダイム・シフトは管理できない。リーダーが新しいパラダイムへ人びとを導いていくやり方は、それこそ無数にある。状況に応じて、あとに従う人たちの種類によって、新しいパラダイムに至る道は違ってくる。

二十年近く、組織内のパラダイムの変化を観察してきたわたしは、興味深い選択のパターンがあることに気がついた。それは、パラダイムを変えるか、顧客を変えるかという選択である。影響の少ない順番に、三つのパターンを並べるとこうなる。

**パラダイムを変えずに、顧客を変える。**
**パラダイムを変えて、顧客を変えない。**
**パラダイムを変えて、顧客も変える。**

わたしは何度も何度も、企業がこの選択に迷う様子をみてきた。どれを選んでも、プラス面とマイナス面がある。最初の道を選べば、習熟したものを維持していける。

デラックス（旧社名、デラックス・チェック・プリンターズ）は、最初の道を選んで、パラダイムを変えずに、顧客を変えた。小切手印刷では業界トップの企業である。印刷の速さと正確さでは、他を寄せつけない。しかし、エレクトロニック・バンキングのトレンドを見ると、どう考えても、小切手印刷だけでは生き残れそうもない。そこで、高速で間違いのない印刷を必要とする他の顧客を探しはじめた。デラックスは現在、銀行、オフィス、コンピューターが必要とする各種の用紙を印刷している。一九八七年には、創業以来最大の事業多角化に踏み切り、グリーティングカードの通信販売に進出した。どの新規事業も、印刷のノウハウが成功の土台にあった。その過程で、それまで知らなかった新しい顧客をつぎつぎに開拓していった。デラックスはまた、電子送金事業にも進出しているので、昔の顧客を忘れたわけではない。

ＩＢＭは二番目の道を選び、パラダイムを変えて、顧客を変えなかった。顧客の企業がＩＢＭを見捨て、アップルやラジオ・シャックのデスクトップ・コンピューターに走るのを防ぎたかった。

グールドは三番目の道を選び、パラダイムも顧客も変えようとしたが、失敗した。大手電池メーカーだったが、ＣＥＯ（最高経営責任者）は半導体市場が有望だと判断した。そこで、主力事業から撤退し、新規事業に乗り出した。成功していれば、会社は何倍にも大きくなっていただろう。しかし、半導体事業は失敗した。

一方、ＣＥＯのボブ・ガルビン率いるモトローラは、一九六四年から、パラダイムも顧客も変える方向に動きだし、めざましい成功をおさめた。

ガルビンは、ディーラーを訪問したとき、「力をもっているのは、メーカーではない」という言葉を耳にした。ガルビンはこう書いている。「ディーラーがそう言うのを聞いたとき、家電事業で感じていたもやもやが、すべて明らかになった」。そして、家電事業からの撤退を決意した。

モトローラが完全に変身するには、一九七四年までかかった。ガルビンは会社の針路を変え、新しい顧客基盤をつくり、世界有数の半導体メーカーに成長していく環境と条件を整えた。リーダーは、選択肢が三つあることを覚えておく必要がある。状況が変化するときに成功するのは、管理者ではなく、リーダーである。

管理しかできない人間を馬鹿にするつもりはない。新しいパラダイムの中に入れば、管理する人がぜひとも必要になる。しかし、管理者としては優秀でも、リーダーとしては不適格という人もいる。

もちろん、その逆もある。管理者としては失格でも、すぐれたリーダーになれる人もいる。優秀な管理者であると同時に、優秀なリーダーであるというのが理想だが、そういう人はめったにいない。

ウォーレン・ベニスは、トレーニング誌一九九〇年五月号で、リーダーの特徴を列挙している。わたしがいま述べたことに照らして、いくつか参考になるものを取り上げてみよう。

**管理者は管理し、リーダーは革新する。**

**管理者は短期的な視野をもち、リーダーは長期的な視野をもつ。**

**管理者は「どのように」「いつ」を問題にし、リーダーは「何」「なぜ」を問題にする。**

**管理者は業績をみつめ、リーダーは地平線をみつめる。**

**管理者は現状を受け入れ、リーダーは現状を打破しようとする。**


本書で述べてきたパラダイムの観点からみると、ベニスはリーダーの特徴をみごとにとらえている。リーダーシップと境界、リーダーシップと新しい地平の関係をみごとにとらえている。

ＩＢＭのジョン・オペルとフランク・ケアリが、パソコン事業に目を向けたときに発揮したのが、まさにリーダーシップだった。そして、ＩＢＭのトーマス・ワトソン・ジュニアが、部下の技師の目をトランジスター時代に向けさせたときに発揮したのが、リーダーシップだった。

株式を公開していない繊維会社、ミリケン（本社、サウスカロライナ州スパータンバーグ）のＣＥＯ、ロジャー・ミリケンは、一九八〇年代初め、真のリーダーシップを発揮して、世界トップレベルの企業をめざした。専門家は、アメリカの繊維産業は壊滅するとみていたが、あくことなく一流を追求するミリケンは、まったく反対のことを考えていた。ミリケン社は一九九〇年にマルコム・ボールドリッジ賞を受賞し、ロジャー・ミリケンの判断の正しさが証明された。

そして、リーダーシップを発揮するのが、しかるべき地位にいる人だけとは限らない。ほかにだれもその役割を担おうとしないときに、リーダーの役を買って出た人たちの力で、パラダイムが変わることはよくある。だれがリーダーになるかわからない。あの人がと思うような人が、リーダーとして頭角をあらわすことがある。

ラルフ・ネーダーがその好例である。自動車業界に挑戦状をたたきつける地位も資格もなかったが、ネーダーはそれをやった。「買い手は気を抜くな」という古いパラダイムをくつがえし、「売り手は気を抜くな」というパラダイムをつくった。ネーダーは現在、押しも押されもせぬ消費者運動のリーダーだが、その運動をはじめたときはそうではなかった。

最後にひとこと、付け加えておきたい。予言者がリーダーとはかぎらない。どこが違うのか。予言者は将来の方向を示す。しかし、うしろを振り向くと、だれもついてきていない。リーダーのうしろにはいつも、たくさんの人がついてきている。

ほとんどのリーダーは、予言者ではない。しかし、すべてのリーダーが、予言者がだれであるかを知っており、数々の予言の中から、自分がめざす方向を選ぶ。

人にはそれぞれ役割というものがある。予言者もいれば、管理者もいる。リーダーもいれば、リーダーのあとに従う者もいる。きわめて少数とはいえ、一人四役をこなせる人もいるかもしれない。ごくごく稀に、予言者であり、リーダーであり、管理者であるという人に出会うときもあるだろう。しかし、そんな人に出会えなくても、将来への道がふさがれることはない。予言者とリーダーと管理者を入れて、チームを組めばいいのだ。そして、それぞれの役割を自覚し、ベストを尽くせばいいのである。

二十一世紀に成功できるかどうかは、どれだけよいチームを組めるかにかかっている。わたしはそう信じている。

# 第13章 一九九〇年代のパラダイム・シフト

それは何度でも起こる

パラダイム・シフトが引き金となって起こった大きなトレンドについては、第2章で、ほぼ語り尽くした。二十世紀の最後の十年間に起こるもっとも重要なパラダイム・シフトを予測する前に、一九八〇年代のパラダイム・シフトによって起こった大きなトレンドを振り返ってみよう。

## 一九九〇年代のトレンド

### 1 世界経済のブロック化

猫も杓子もグローバル化を唱えている。まるで一九九〇年代の進む道はそれしかないとでも言うように。しかし、いま目にしているトレンドは、西ヨーロッパの経済統合である。東ヨーロッパもその仲間に加わろうとしており、カナダとアメリカとメキシコはまた別な経済ブロックをつくろうとしている。これによって、新しい境界が生まれ、成功するためには新しいルールが必要になる。つまり、パラダイム・シフトが起こる。日本は、近隣のアジア諸国に借款などの援助をしながら、アジアと欧米、両にらみの姿勢をとっている。今後二十年間は、グローバル化よりも、ブロック化が進むと考えていいだろう。

## 2　環境重視

一九六〇年代にスタートしたこのパラダイム・シフトは、一九九〇年代にはエンジン全開になるだろう。どの企業も、リサイクルと汚染防止に抵抗するよりも、それと反対のことをやったほうが、賢明であり、コストも安くつくことに気づきはじめた。3Mやマクドナルドのような企業が旗振り役をつとめ、産業界では、今世紀末に、このトレンドが最高潮に達するだろう。

## 3　高品質が当たり前

このトレンドの背景にあるパラダイム・シフトの力については、すでに第9章で述べた。一九九九年には、高品質が標準になると思う。

## 4 多様性の評価

このトレンドは、人的資源のパラダイム・シフトがきっかけになって起こった。フェミニストのパラダイム・シフトとマイノリティーの運動にリードされる形で、わたしたちは徐々にだが着実に、多様性に最大の力があることを学びつつある。この人間理解は、自然環境に対する考え方とも完全に一致している。アメリカはこれまで、大量の移民を受け入れる政策をとって、多様化を促進してきた。一九九〇年代は、アメリカのその強さがいかんなく発揮されるというのが、わたしの予測である。

## 5 税金に代わるギャンブル

このトレンドの背後にあるパラダイム・シフトは、国民からもっとカネを集めるが、増税はしないと、政治家が公約せざるをえなくなった新しい政治風土である。これは、危険なトレンドだと、わたしは思う。徴税が公営ギャンブルに変わると、税金をどのように集め、それを国民の意思にもとづいてどう配分するかについて、国民が選択権をもっているという民主主義の大原則が損なわれるからだ。ギャンブルは、富を再配分するメカニズムとして、幸運に頼る傾向を助長し、勤勉は報われるという倫理を腐敗させる。

きびしい選択をするには、努力が必要になる。必要な財源を確保するために、国がギャンブルを経営するというのは、民主主義に反する。わたしが言いたいのはそれだけだ（これで、わたしがどんなパラダイムを大切にしているか、おわかりいただけるだろう）。

## 6　光ファイバーの普及

音声、データ、画像のあらゆる種類の情報を一度に送れる光ファイバーのネットワークが、通信のパラダイム・シフトである。その整備は一九九〇年代に加速し、テレビ・ネットワーク、ケーブルテレビ・システム、オフィスの通信、エンタテインメント産業、出版産業に影響をおよぼすだろう。医療や教育の分野も、このトレンドから劇的な影響を受けるだろう。光ファイバーの大容量によって、データの移動が簡単になり、コストが低下するからだ。

## 7　省エネ

一九七〇年代にはじまり、一九八〇年代後半は無視されたこのパラダイム・シフトは、一九九〇年代には完全に定着するだろう。この章の後半で、このトレンドに拍車をかける大きなパラダイム・シフトについて述べるつもりだが、これはすでにかなり浸透している。

## 8　国民保険

機は熟してきた。古いパラダイムは崩壊しつつある。問題を解決するコストは、莫大なものになってきた。このトレンドははじまったばかりである。完全に定着するには二十年かかるだろうが、一九九〇年代に、方向ははっきりするだろう。アメリカには、十分な医療を受けられない人が多すぎる。企業はいまや、薬品・医療業界と個別に戦っていては、コストを抑制できないことがわかってきた。医療のパラダイム・シフトはまだ実現していない。アメリカにとっては、カナダの制度が参考になるだろう。一九九〇年代は、このパラダイム・シフトが起こる。

## 9　自己管理チーム

総合的品質管理のトレンドに関連しているが、別個に取り上げる価値がある。職場を民主化するという意味で、重要なトレンドである。中間管理職を無用とした点でも重要。やることがなくなる中間管理職に仕事を見つけることが、今後の課題になる。

## 10　水は貴重品

一九九〇年代末には、水に対する考え方は、いまとはまるで変わっているだろう。一エーカーフット（一エーカーを一フィートの深さに満たす量）の水を手に入れるのに、いくらかかるか。水源が豊かなミネソタ州では約二ドルかかり、アリゾナ州では八八セントですむ（一九九〇年）。話があべこべになっているのは、ミネソタ州民が連邦税のかたちで、アリゾナ州民を援助しているからだ。この補助金は姿を消すだろう。水のコストが上がって、南西部、西部の州は、水の利用、再利用の方法を根本から見直すようになるだろう。

## 11　バイオテクノロジーの普及

このトレンドはだれの目にも明らかだが、影響力が増しているだけに注意が必要である。一九九一年、わたしたちが目にしているバイオテクノロジーは、ライト兄弟の飛行機のようなものだった。数百メートル飛んだのを見て、びっくりした。しかし、一九九〇年代末になると、それはボーイング747のようになる。科学のパラダイム・シフトであるバイオテクノロジーは、医療や農業に応用できるだけでなく、ポリマーの製造、コンピューター・チップの設計、教育、エネルギーにも応用できる。これほど広範囲に使えるものは類がなく、あらゆる分野に応用されるようになるだろう。

## 12　知的所有権が富を左右する

ジオデシック・ドームの発明者、バックミンスター・フラーが予言したとおりに、世界は動いている。パラダイム・シフトがいたるところ見られ、多様性に富む新しいアイデアが次々に出てくるアメリカにとって、これは大歓迎すべきトレンドである。しかし、このトレンドから利益を得るには、アメリカは知的所有権の保護について、断固とした強い姿勢をとらなければならない。アメリカ人が美しいテーブル・ランプを設計するのに五年かかり、台湾のだれかがCAD／CAMシステムを使って数時間のうちにそれを模倣し、著作権料も罰金も支払わず、そのランプをアメリカに輸出できるとしたら、何かが完全に間違っている。

企業はわずか数ドルを節約するためにビデオを盗み（わたしのビデオは無断で複製されたことがある）、そのくせ、ほかの国の企業が自社の特許を侵害すると大騒ぎする。二十一世紀の勝敗を決めるのは、情報とアイデアであり、アメリカはこの点で最大の強みをもっている。このトレンドを追い風にしようと思うなら、所有権のうち、一番ないがしろにされているものを保護する明確で公正な方法をつくりあげなければならない。

以上が、一九九〇年代にとくに重要になるとわたしが考えているトレンドである。それでは次に、アメリカのみならず、世界中に大きなインパクトをあたえると予想されるパラダイム・シフトについて考えてみよう。

# 一九九〇年代の新しいパラダイム

## 1 太陽熱／水素／核分裂

この三つを合わせて考えてみたいのは、三つがワンセットになって、エネルギーの方程式を変えてしまうからだ。省エネがトレンドとして定着することについては、すでに述べた。今後の問題は、エネルギー源をどうするかである。

まず、太陽熱が考えられる。第10章で述べたように、ルース・インターナショナルは凹面鏡を使って発電している。しかも、発電コストは、キロワット時、八セントである。需要がもっとあれば、それを六セントまで下げられる。このため、環境保護局の環境基準を満たす火力発電所や原子力発電所を新たに建設する場合と、コスト面で完全に競争できる。

太陽発電のほかに、風力発電も考えられる。場所が適切であれば、これも、古いパラダイムの技術と、コスト面で十分競争できる。

テキサス・インスツルメンツは、シリコン・ビーズの光電池を作っている。コストが安く、丈夫で、信頼性が高く、製造しやすい電池である。太陽エネルギーの革命はもうそこまで来ている。

しかし、発電方法を変えるだけで、国が抱える多くのエネルギー問題を解決することはできない。航空機、列車、バス、自動車を動かす燃料が必要である。そこで注目したいのが、水素だ。水素分子（$H_2$）を燃やすと、酸素と化合して水（$H_2O$）ができる。水が汚染源になるなどという話は聞いたことがない（水酸基が発生するが、ごく少量で処理できる）。水素は偉大な燃料になる。水素をつくるには、電気が必要になるが、太陽発電でそれを供給すればよい。

それでは、核分裂はどうなるのか。ドードー鳥のように、絶滅してしまうのか。そんなことはない。過去の愚かな過ちから教訓を学んだ原発技師は、新しい設計を考えだした。「スーパーセーフ」と呼ばれる原発で、冷却水が急減した場合には、自動的に運転を停止する設計になっている。

そして、原発技師は、設計どおりに作動するかどうかを安全にテストできると言っているだけではない。既存の原発をすべて閉鎖するスウェーデンは、スーパーセーフ原発を設計している。アメリカのエネルギー省の管轄にあるアルゴンヌ国立研究所は、スーパーセーフであるばかりでなく、使用済み燃料中に残るプルトニウムをすべて、同じ原子炉でただちに再燃焼させ、プルトニウムを運び出す必要もなくなる「増殖炉」を設計した。これによって、テロリストや政府が、プルトニウムを蓄積して、原子爆弾をつくる心配がなくなる。

核分裂を使えば、二酸化炭素はいっさい発生しない。大気の変化を最小限に抑えることができる。原子炉で放射性物質を燃焼させると、廃棄物を最小限に抑えられる。石炭を燃やすことに比べれば、非常に少ない量ですむ。省エネで電力需要を抑え、太陽発電で需要をすべてまかなえるようになるまで、二十一世紀前半は、原子力発電にベース供給力の役割を期待したい。

## 2　時間で税金を払う

このパラダイム・シフトに先鞭をつけたのは、コロラド州のリトルトンで、一九九〇年、教育に手を貸してくれる高齢者に、固定資産税の負担を軽くする制度を導入した。

仕組みは単純だ。高齢者は近所の学校へ行き、いろいろな仕事をする。給食の手伝いをしたり、子供たちに本を読んであげたり、トイレを監視したり、出席をとったりする。その代わり、固定資産税が減税されるという仕組みである。

これまでのところ、すばらしい成果をあげている。家を手放さずに、地域社会の役に立てるので、高齢者に好評である。学校側も、補助金以上のものが得られるとして、新制度を歓迎している。経験豊富な高齢者は、じつにすばらしい仕事をしてくれるからだという。

そして子供たちは、違う世代の新しい友だちができる。これは、アメリカの文化が、ほとんど忘れかけていたことである。

時間での納税を、高齢者に限る必要はない。生活保護を受けている人にも適用したらどうだろう。失業して収入がなくなったが、マイホームを手放したくないと思っている人に適用したらどうだろう。学生だって、時間でなら税金を払える。学校でいろいろと手助けをしてくれるお年寄りの家に行って、雪掻きをすることぐらいは学生にもできるだろう。

このパラダイム・シフトによって、「人民の、人民による、人民のための」という神聖な言葉に、新しい意味が加わるかもしれない。

## 3 バッファロー・コモンズ

バッファローの大平原は、穀物と食肉を信じられないほど大量に生産することで知られている。ラトガース大学の研究者、フランク・ポッパーとデボラ・ポッパーは、「西部の平原の大部分で過疎化が進み、やがては、公有地またはそれに近いものになる」と予言している（クリスチャン・サイエンス・モニター誌、一九九〇年十二月十八日号）。西部の平原には、平方マイル当たり、六人も人間が暮らしていないところがたくさんある。空白地帯に近い。

そこで、ポッパー夫妻は、そうした土地を政府が買い上げていって、自然の状態にかえし、「バッファロー・コモンズ（共有地）」にするよう提案している。

カンザス、ネブラスカ、モンタナ、ノースダコタ、サウスダコタの各州に見られるような、開墾され、潅漑された自然とは、まったく違うイメージである。

「保存地域は、観光、リクレーション、引退後の生活を、第一の使用目的とし、牧畜業、農業、林業、鉱業（石油もふくむ）など、自然から産物を採取することは、二義的に考えるべきだ」と、ポッパー夫妻は言う。野生植物の種をまき、バッファローなどの野生動物が帰ってきて繁殖するようになればすばらしい。カンザス州サリナスにあるウェズ・ジャクソンの国土研究所も、同じようなビジョンを描いている。

ジャクソンは、大草原の豊かさ、野生植物の種子がもたらす富を研究している。ほとんどの人が、大平原には牧草しかないと思っているが、実際にはさまざまな植物が生い茂り、複雑な生態系をつくっている。ジャクソンは、多様な野生植物の種子を収穫できると信じている。そのためには、新しい機械（新しいパラダイムの新しい道具）と新しい方法が必要になるが、単一栽培の古いパラダイムに頼ることなく、手つかずの草原から、経済的に十分引き合うかたちで、大量の食物を生産できるという。

バッファロー・コモンズは農業社会のパラダイム・シフトである。そして、それを提唱しているのは、アウトサイダーだ。現状では、政府が小麦と食肉の生産者に補助金を出し、それから産品を買い取り、売りさばかなければならない。この補助金を削減できることが追い風になるだろう。税負担が重くなる一方だとしたら、納税者は、農業・牧畜業向けの補助金を支持しなくなるだろう。

カナダからカンザスまでの大平原を、何十万頭ものバッファローが駆けめぐる光景を想像してほしい。それはほんとうに夢にすぎないのか。

## 4 社会に通用する教育

わたしたちは気がつくのが遅すぎた。しかし、教育のほんとうのゴールが何であるか、ようやくわかってきた。十八歳まで通り一遍の教育を受けて、それでおしまいにするのではなく、二十一世紀にふさわしい市民になり、勤労者になるまで、必要なだけ教育を受けるべきだ。

古いルールは単純だ。学生が十八歳か十九歳になるまで、州政府や地方自治体が教育費を負担する。そのあとは、カネを出さない。境界ははっきりしている。しかしアメリカはいま、高校を卒業しても、読み書き計算ができない人がたくさんいるという現実に直面している。現実の競争社会では、高校の卒業証書はなんの価値もない。

ミネソタ州ウェイザタなど、高校卒業生全員の能力を保証する学校区が出てきた。卒業を控えた高校生が、一定の成績に達しない場合は、その成績に達するまで学校にとどめる制度である。企業も学生も、その費用をいっさい負担しない。

読み書きのできない社会人がたくさんいては、二十一世紀に世界と競争していくことはとうていできない。それが新しいルールである。

## 5　魔法のようなプラスチック

ああ、プラスチック。将来は有望であり、可能性に満ちあふれている。プラスチックのパラダイム・シフトは、社会のあらゆる面に影響をあたえるだろう。

たとえば、プラスチックは現在、銅よりも導電性が高くできると考えられている。カリフォルニア大学サンタバーバラ校のポール・スミスは、分子を平行に配列して、強度と剛性を鋼の十倍まで高められるプラスチックをつくりだした。

これを使えば、橋、ビル、自動車など、強度が大切な構造物を、プラスチックでつくることができる。フェンダーが同時にバッテリーの機能をもつ電気自動車をつくれるかもしれない。

プラスチックは錆びないし、導電性がある。どんな色にも、透明にもでき、絶縁体にもできる。

コンピューター・チップも、特殊プラスチックで作られるようになるかもしれない。カリフォルニア大学バークレー校の化学者、ブルース・ノバックは、一九九〇年後半、紫外線をあてるだけで、導電性の生じるプラスチックを発見した。これによって、プラスチック薄膜をコンピューター・チップ上のトランジスター間の配線に利用することも可能になる。

プラスチック革命が引き起こすイノベーションの嵐は、あらゆる産業に、そして世界中に、大きな波紋をひろげていくだろう。

## 6　自然の知恵

自然にも知恵があることを示す報告がつぎつぎと出てきている。そうした報告を読めば読むほど、わたしたちが動物や植物の知性をまったく見くびっていたことを痛感させられる。

小さなチンパンジー、カンジは、人間の二歳の子供と同じぐらい言葉を覚える。人間のように話すわけではないが、言葉を理解していることは間違いない。英語を耳で聞いて理解でき、「電子レンジにあるレタスを取りに行け」といった複雑な命令にも反応できる。

六歳になると、使う語彙は九十にまで増え（ボードに並んだ記号を正確に識別し、自分が言いたいことを示す記号のボタンを押す）、聞く言葉は二百語も理解できるようになる。

しかし、言葉をよく覚えるというだけではない。サイエンス・ニューズ誌、一九九〇年十一月三日号に、動物が薬草を使って病気を治す例が報告されている。

たとえば、腸に重い病気をもつチンパンジーが噛んでいる植物を調べてみると、そこから抽出される成分が、さまざまな人間の病気の治療に使われていることがわかった。偶然の一致だろうか。その植物は、チンパンジーがめったに食べないものだった。そして、病気のチンパンジーはそれを食べるのではなく、茎を噛んで出てくる苦い汁だけをすすっていた。

病気にかかった猿や鳥が食べていた植物も、調べてみると、薬草であることがわかった。それ以上に驚いたのは、一九七五年、ほぼ一年ケニアにとどまり、妊娠している一頭の象を追跡した生態学者、ホリー・T・ダブリンの報告である。

サイエンス・ニューズ誌に発表された報告を紹介してみよう。その象はほとんど毎日のように、決まりきった行動をくりかえしていたが、ある日、二八キロも歩いて、川岸へ行き、小さな木の前で足を止めると、その木をむしゃむしゃ食べはじめた。あとに残ったのは、短い切株だけだった。

その木は、毎日のメニューにはなかった。それどころか、象の生活の生態系にはないものだった。

その四日後、象の赤ちゃんが生まれた。ダブリンはのちに、ケニアの妊娠した女性が、同じ種類の木の皮から茶をつくり、陣痛を早めたり、中絶したいときに、その茶を飲んでいることを発見した。

病気を治したり、陣痛を早めたりする化学成分を含む植物を、動物が知っているとは、ちょっと信じられない。

植物もそんな知恵をもっているのだろうか。もっていることを実証するデータはたくさんある。生化学者の報告によれば、植物は仲間に化学信号を送り、虫が嫌うプロテイナーゼと呼ばれる化合物の分泌を刺激するという。

つぎに紹介するのは、サイエンス・ニューズ誌、一九九〇年十二月二十二日号からの引用である。「この結果、植物が交信によって身を守る本能について、これまでわかっていなかった形態に生化学的根拠のあることがわかった」

植物の交信と聞いて、びっくりする読者もいるだろう。虫から攻撃を受けたときに、仲間に信号を送り、虫が嫌がる有害物質を分泌して、攻撃から身を守るよう警告するというのだ。「自分が攻撃されるのは仕方がないが、仲間の安全は守る」というのだ。

わたしたちが解明の手掛かりさえつかんでいない自然のルールが、いかにたくさんあることか。

## 7 ネガワット

わたしは最初に聞いたときから、この言葉がすっかり気に入った。メガワットではない。ネガワットである。これは、エネルギーのパラダイムを変えたエモリー・ロビンズの造語である。物理学者のロビンズが電力会社のパラダイムを変えはじめたのは、一九七〇年代にまでさかのぼる。

いままた、ロビンズの主張が脚光をあびてきた。ネガワットの背後にある基本的な前提は、アメリカは生活水準を落とすことなく、電力消費量を七〇パーセント減らすことができるというものだ。現在利用できる省エネ技術を十分に活かせば、それを達成できるというのだ。

ロビンズはくりかえし、こう指摘した。アメリカは一九七九年以来、エネルギーの効率化によって、供給増加分の七倍にもあたる新しいエネルギーを獲得している。

この結果、アメリカ国民全体が支払う電気料金は、一年間におよそ千五百億ドルも節約できた。しかし、ロビンズに言わせれば、まだまだ省エネをしなければならない。

ロビンズが電力に注目したのは、それがもっともコストのかかるエネルギー形態であり、環境にもっとも悪い影響をあたえるからだ。マザー・ジョーンズ誌、一九九一年四月号に掲載されたロビンズの文章から引用してみよう。

「照明システムを改善すれば四分の一、モーターを改善すれば四分の一、現在利用できる最善の技術を駆使して、そのほかのあらゆる面で努力すれば、さらに四分の一、電力を節約できる」。新技術の開発を待つ必要はない。国民ひとりひとりが、いま手に入る省エネ器具を買うだけで、十分に効果がある。

電力会社に省エネのインセンティブを与えれば、電力会社がみずからの手で変化を起こすだろうと、ロビンズは言う。どんなインセンティブを与えればいいのだろうか。エネルギーの生産よりも節約に投資したほうが、利益が高くなるようにすればよい。このアイデアは一九八八年にニューイングランドで試され、コネチカット州の公益委員会は、電力会社のノースイースト・ユーティリティーズに対し、なぜうまくいかないのか、その理由を示すよう求めた。委員会はまた、ボストンに本部をおく自然保護法財団のスタッフを雇い、省エネの指導を受けるよう義務づけた。

その結果どうなったか。ノースイースト・ユーティリティーズは、電力需要の五パーセント増を見込んでおり、それに対応するには、新たに発電所を建設する必要があった。ところが、需要の伸びが少なくとも予想の半分まで下がり、発電所を建設する場合に比べ、キロワット時、平均六セントもコストを節約できることがわかった。

ロビンズはこう試算している。「適切な計画を立てれば、キロワット時、わずか〇・五セントほどのコストで、商工業用の電力を節約できる。このコストは、火力、原子力発電所を操業するコストの数分の一、新たに発電所を建設するコストの十分の一から二十分の一にすぎない」(アクロス・ザ・ボード誌、一九九〇年九月号『ネガワット』)

新しいパラダイムは通常、古いパラダイムで解決できなかった問題を解決し、しかも安く解決すると、以前に指摘したことを思い出してほしい。ロビンズのネガワットのパラダイムを使えば、二酸化炭素の問題も解決できる。そして、本気で省エネに取り組めば、アメリカ全体で年に二千億ドルもの利益が生まれることになる。

あまりに話がうますぎる。そう決めつけるまえに、思いもよらなかった他のパラダイム・シフトを振り返ってみてほしい。

## 8　新しい建材

わたしはいつも、画期的な新建材の開発に注目している。第三世界には、雨露をしのぐことさえできない人が大勢いる。先進国にさえ、ホームレスの人、家とは呼べない家に住んでいる人がたくさんいる。

二つの例を紹介してみたい。ひとつは、土でできた家、正確にいうと、ほとんど土でできた家である。フロリダ州オーランドにあるテラ・ブロック・ワールドワイドという名前の会社は、アドビ（日干し）煉瓦を大量生産するノウハウをもっている。それを発明したロバート・グロスは、NASAの元エンジニアであり、よろずいじくりまわし屋である。

グロスは、アドビ煉瓦をつくるルールをすべてくつがえす機械を設計した。古いパラダイムはこうだった。粘土と少量のワラを混ぜ合わせ、型にはめこむ。粘土が固まるのを待って、型から取り出す。そして、七日間、日干しにする。

グロスは、それが唯一の方法とは考えなかった。日にあてるのは、水分を蒸発させるためである。ほかの方法でも水分が取れるなら、日干しにする必要はない。なにか別な方法はないかと考えているうち、圧搾すればいいと思いついた。

そして、高圧プレスで、ごみなどを取り除き、粘土を圧搾する機械をつくった。できる煉瓦の大きさは、一二インチ×一〇インチ×四インチ。重さは約三〇ポンド。一個あたりの製造コストは、エネルギー消費量で計算して、〇・三セント。現在売られているどんな建材と比較しても、二十分の一のコストである。

これまでのところ、どんな土を使っても、この方法で煉瓦ができる。フロリダの土は、砂が多くて最悪で、一番いいのは、アフリカの土だという。

長期的な影響を考えてみよう。たとえば、アメリカはこの機械を海外援助として無償供与してもいい。第三世界の村にひとつずつ機械を送る。現地の人は土と労働力を提供すればいい。家ばかりでなく、学校でも、病院でも、「圧搾」煉瓦でつくれる。アメリカ国内でも利用できる。貧しい人は、見るも無残な家を取り壊して、煉瓦の家をつくればよい。家を建てようとする人は、機械の使用料を汗を流して払えばよい。そして、煉瓦に防水を施せば、どこにでも立派な家を建てることができる。

もうひとつの例は、建材を海中で「育てる」ことだ。わたしがこのパラダイム・シフトをはじめて耳にした一九七〇年代には、十分なデータを入手できなかった。ようやく最近になって、「育てる」という意味がわかった。このプロセスを発見したのは、建築家のウルフ・ヒルバーツである。ドイツは第一次世界大戦中に、海水から金を抽出して、それで国債を返済しようと考えたことがあるが、ヒルバーツはその計画について調べていた。その計画がうまくいかなかったのは、金を集めるために海中に沈めた電気探針に、フジツボ類がびっしりとついてしまったからだ。

ウルフは、パラダイムを柔軟に考えるお手本のような人物で、金についてではなく、甲殻類について考えた。そして、ドイツ人と同じ実験をやってみるときに、電極のまわりにワイヤーの網をかぶせた。その結果、フジツボ類がついたワイヤーの網が、建材として十分な強度をもつことがわかった。

それは、石灰石のように見え、一インチ当たり、四千ポンド以上の圧力に耐えられる。乾燥しても、強度が弱まることはない。これに似たものを探すとすれば、珊瑚がある。そしていま、国連の援助を得て、いかに安く、いかに効率的に作れるかを研究するため、煉瓦やタイルや鋼管を海の中で「育てる」実験がおこなわれている。

必要なものは、ワイヤーの網と微量の電力だけである。生産には、何か月もかからない。数週間でできる。環境にあたえる影響はない。魚は弱い電流を気にしないし、海の広さを考えれば、海水から抽出する石灰の量などたかが知れている。

以上の二つの例は、世界が必要としている建材をつくろうとするパラダイム・シフトである。ともに古いルールを破り、安く効率的に問題を解決する大きな可能性を秘めている。

## 9　ガイア

地球は生きており、その名前はガイアである。これは、ジェームズ・ラヴロックが『ガイアの時代』で取り上げた革命的なテーマであり、パラダイム・シフトである。

ラヴロックの経歴を調べていくと、パラダイム・シフターのお手本のような人物であることがわかる。生物学者であり、化学者であり、計測機器の重要な発明者でもある。地球を新しい角度から眺める機会を得たのは、比較的若いころだった。火星の生命探査のためにNASAに雇われ、その答えを見つけるために、地球について自問自答してみた。いったいどんな方法を使えば、地球に生物がいることを完全に証明できるだろうか。

この問題を考えつづけたために、異星人の目で地球を眺めることができた。そして、大気の化学的不均衡、極端に安定した気温など、地球に生物がいることを示す現象を発見した。

この経験から、みずから「直観的」結論と呼ぶものに到達した。それは、地球全体が生きているという結論だった。地球上の生きとし生けるものはすべて、「生命圏」と呼ばれる大きな有機体の一部である。生命が惑星に宿る方法はそれしかない。すべてが一体化した状態でなければ、生きられない。オール・オア・ナッシングなのだ。

ラヴロックはそれ以来ずっと、このパラダイムを肉付けしてきた。動植物が同時に、大気中の二酸化炭素を調整し、空気のほとんどを占める窒素と酸素を調整して、地球の気候をコントロールしている。ラヴロックの論点は、つぎの三つがポイントになる。

**1**　太陽の熱出力が四〇パーセント近く増えたにもかかわらず、地球の気温はきわめて長い間、おどろくほど安定している。

**2**　あらゆるレベルで、生命が豊富に存在する。

**3**　生命に理想的な環境を能動的につくりだしているメカニズムがあるように思える。酸素発生システム、地球の過熱を防ぐ二酸化炭素吸収システム、海洋の有毒化を防ぐ塩分確保システム、生命の多様性を守るシステムなどである。

ラヴロックの記述を読むと、地球がまるで、ものを「考え」、「意識」をもっているように思えるとして、反論する科学者もいる。それに対するラヴロックの答えはこうだ。地球が生命にとって快適な場所になるのに必要なシステムを、地球はかならずしも意識して、つくっているわけではない。

ラヴロックはまた、人間が数千億個の細胞の集合体であることを、くりかえし指摘している。それぞれ独立して生きている細胞が集まって、ひとつひとつの細胞とはまったく違う生き物ができた。地球規模で同じ生命のパターンを考えることは、それほど馬鹿げているだろうか。

この新しいパラダイムによって、生物学者と地質学者は、地球に対する見方を根底から見直す必要にせまられている。これはすでに起こっている生態系のパラダイム・シフトに沿ったものであり、世界の大宗教の教えにつながってくる可能性もある。

## 10 第三世界の貧しい人たちへのローン

知らない人が多いと思うが、世界のほとんどの国で、女性がローンを受けることは不可能に近い。これが、現在の信用のパラダイムなのだ。

そして言うまでもなく、男性でも女性でも、貧しければ、それだけ信用されない。

新しい信用のパラダイムのルールでは、そうならない。真っ先にくるいちばん重要なルールは、世界の貧しい人たちは信用できるというものだ。これだけで、すでに革命的である。バングラデシュで最初に発達したシステムとはこういうものだ。五人がグループになって、五人分のローンを申し込む。グループがローン全額の返済を保証する。だれかが月々の返済をしない場合には、ほかの四人がそれを返済しなければならない。これまでのところ、仲間に迷惑がかかるという心理的圧迫がプラスに作用して、このシステムを採用したローンの九九パーセントが返済されている。この返済率は、先進国のほとんどの銀行ローンより高い。

ローンは小額であり、毎月返済していくケースが多い。そして、金利は、ごく普通の銀行ローンと変わらない。このことが重要である。貧しい人たちはこれまで、そんなルールの適用を受けたことがなかった。高利貸しから借りようものなら、日に一〇パーセントの金利をとられることもめずらしくない。

このパラダイムは、めざましい成果をあげている。ホンジュラスで実際にあった話を紹介してみよう。靴の製造法を学んだある女性は、女性のための世界銀行ローンを使って事業を拡大し（一回二〇〇ドルのローンを計九回受けた）、年間の売上を一万八九〇ドルから八万七一二〇ドルに、利益を二九四〇ドルから二万一七八〇ドルに増やした。現在、その人は近所では評判の金持ちである。

女性はこれまで、夫の署名がないかぎり、ローンを受けられなかった。それがいまや、女性向けローンと貧困者向けローンが、第三世界の経済を建て直している。

ルールが変わり、世界が変わった。そして、それはうまくいっているようだ。

## 11 フラクタル／カオスの数学

このパラダイム・シフトで数学の世界は一変した。フラクタルの数学は、無限に演算ができるコンピューターによって可能になった新しい計算である。

数式をコンピューターのスクリーン上にプロットすると、信じられないほど複雑なパターンが美しく浮かび上がる。簡単な数式を書くだけで、木や雲の形、一万メートルの上空から見た渓谷の様子を、コンピューターのスクリーンに映し出せる。これは、自然の数学ともいえる。

わたしたちの身の回りにあるものはすべて、フラクタル・パターンである。フラクタルとは何か。それは、単純なパターンを何度も何度もくりかえして、非常にこみいった形をつくっていくことだ。この繰り返しで、美しい形ができあがっていくことが多い。一本の木を見るとき、まず、いちばん小さな枝に注目してみよう。それから少しずつ大きな枝に目を移していくと、どれも最初の枝とほぼ同じ形をしていることがわかる。いちばん小さな枝をさまざまな大きさで組み合わせていけば、どんな大木でもつくれる。これが、フラクタル・パターンである。

人間の循環系はフラクタルである。心臓の鼓動は、フラクタル・パターンの繰り返しである。水道の蛇口から、水滴はフラクタルに落ちる。どこを見ても、フラクタル・パターンが姿を現すように思える。そして、数学を使って、こうしたパターンを取り扱えば、理解力と処理能力が飛躍的に高まる。

どんな産業も、どんな企業も、どんな組織も、この新しい数学から影響を受けるだろう。世界を数学的に描く新しい方法によって、問題解決のまったく新しい道がひらかれた。それはまだ、産声をあげたばかりである。

## 12 ひとりひとりのための生産

総合的品質管理によって日々すこしずつ改善しながら、顧客が何を求めているかに注意を払う。そして、将来をしっかりと見つめれば、生産の新しいパラダイムが見えてくる。論理的で合理的なパラダイムであり、これまでは不可能と思われていたパラダイムである。それは、すべての製品をたった一人のために、それを買ってくれる一人のために作ることである。

まさにユートピアだ。しかし、まったく夢のような話だろうか。家電大手、松下電器の子会社、ナショナル自転車工業にとって、それは現実になっている。フォーチュン誌、一九九〇年十月二十二日号で、スーザン・モファットはこう書いている。ポイントは、FMS（フレキシブル生産システム）と、CAD／CAMシステムと、高度に熟練された従業員を、モデムで世界的に結びつけることにある。

その人に「ぴったり合った」自転車をつくるにはどうすればいいか。そこからスタートした。腕の長さ、脚の長さ、足の大きさ、体重、座高、性別、必要としている自転車の種類、そうしたデータがすべて、ファックスで工場に送られる。工場は受け取ったデータを、ディジタル・イクイップメントのミニコンに投入し、青写真をつくり、必要になる部品すべての在庫を確認する。

それから、腕のいい工員が、オートメ化された機械と自分の技術を必要に応じて使い分けながら、自転車を組み立てていく。組み立てにかかる時間は、三時間。できあがった自転車の値段は、だいたい九万円から三五万円。普通の自転車なら、二万円から五万円ぐらいで買える。

この生産方法を使うと、消費者は一一二三万一八六二種類もの中から、自分にぴったり合った自転車を選ぶことができる。

松下の子会社は、日本企業の例にもれず、このシステムを軌道に乗せれば、高利益製品を追求していくだろう。

自分ひとりのために生産してくれる。消費者にとって、これ以上うれしいことはない。これに総合的品質管理の努力が加われば、二十一世紀に向けて、準備は万全ということになる。

## 13 芸術家とパトロン

経営の分野では、今後十年間に大きなインパクトをあたえると予想される新しいパラダイムが生まれてきた。ＩＢＭのパラダイムを変えた男として先に紹介したビル・ワイマーは、いまはＩＢＭを退社し、労使双方にとって、ルールがまったく書き換えられる労使関係のコンセプトを提唱している。

ワイマーはこの関係を「芸術家とパトロンの関係」と呼んでいる。ヨーロッパの歴史からヒントを得たのだ。巨匠といわれる芸術家が、なぜ、あれほどすばらしい仕事をできたのか。それを考えていくうちに、その陰で、パトロンが大きな役割をはたしていたことに気づいた。パトロンの援助があったからこそ、芸術家は才能を開花させることができた。

当時の芸術家に相当するものが、工員であり、技師であり、科学者であり、セールスマンである。企業や組織や文化の「担い手」である。こうした現代の巨匠はもちろん、パトロンがいようといまいと、自分の仕事をやることに変わりはない。しかし、よきパトロンがいれば、巨匠の才能はもっと活かされると、ワイマーは指摘する。

パトロンがいない芸術家は、もてる力を十分に発揮できない。

一方、パトロンひとりだけでは何もできない。時間や才能を無駄なことに使わせようとする人たちから、芸術家を守るのが、パトロンの仕事である。芸術家に思う存分力を発揮させて、大傑作をつくらせるのが、パトロンの仕事である。パトロンに守られて、「つまらないこと」に無駄なエネルギーを使わなくてもすむようになれば、芸術家は本来の仕事に没頭できる。

双方とも、もっとも望ましい結果を出す必要がある。それが、この新しいパラダイムのキーポイントである。

芸術家とパトロンの関係は非常に古いものだが、会社内の責任分担の観点から見つめなおしたところが新しい。ワイマーは労使関係を平等なものにした。この新しい関係によって、役割というものが明確になった。わたしたちは、自分の役割に応じて、仕事をやらなければならない。そして、この問題について深い洞察力をもっているワイマーは、こう付け加えている。芸術家であると同時に、パトロンであることはできないと。

この新しい経営のパラダイムで、わたしがいちばん気に入っているのは、だれもが自分の能力を伸ばせることである。

## 14 バーチャル・リアリティー

これが、わたしのリストでは、最後の項目になるが、このパラダイムは、すでによく知られている。劇的な影響を広範囲に及ぼすだろうし、世界を変える大きな力をもっている。この概念の産みの親は、カリフォルニア州パロ・アルトにあるVPLリサーチの創設者、ジャロン・ラニアである。

バーチャル・リアリティーは、基本的に三つの道具を使って、存在しない世界をつくりだす。どうすれば、そんな世界が生まれるのか、説明してみよう。まず、自分の目に合った「ゴーグル」が必要になる。ゴーグルのレンズにあたる部分がテレビになっている。左右の目の前にひとつずつテレビ画面があると考えればいい。ゴーグルに動きを検出する装置がついているので、頭を上下左右に動かすと、その動きが記録される。二番目の道具が、「データグローブ」という手袋で、これにセンサーが内臓されているので、手を動かしたり、指さしたり、拳を握ったりすると、グローブが動きを検出する。三番目の道具は、超高速で画像処理計算をするコンピューターである。この三つの道具をそろえると、一九九一年には約二五万ドルかかったが、一九九五年には一万ドルを切っているだろう。

それでは、こうした道具はいったいどんなことをするのか。まず、コンピューターは、保存してある在庫の中から映像を取り出し、ゴーグルの中にある二つのテレビ画面にそれを映し出す。ビルの設計をする場合を考えてみよう。建築家はコンピューターを使って、ビルの青写真と透視図をつくる。基本的な設計が終われば、あとはコンピューターがデータとイメージを処理し、あらゆる角度から見た映像を画面に映し出してくれる。

見たいと思うイメージを呼び出せば、コンピューターによって二つの映像がつくられ（ゴーグルの左右ひとつずつ）、左右の視差によって映像が立体的（３Ｄ）に見える。頭を右か左に動かせば、ゴーグルに装填された検出器を通じて、コンピューターがその動きを察知し、頭を回した角度に応じて、映像をどのように変えるべきかを計算する。ゴーグルのレンズを通して、あたかも目の前にある世界を見るような感覚をあじわう。現実のものを見ているような感じがするので、「バーチャル・リアリティー（ＶＲ）」と呼ばれる。

コンピューターが映像をつくりだすことを忘れてはいけない。しかし、それは立体的に見え、自分の動きに合わせて変化するので、像のまわりをぐるりと回れば、三六〇度見えることになる。コンピューターの中にいるのと変わらない。ＳＦ作家は、これを「サイバースペース（電脳空間）」と呼んでいる。

グローブはどんな働きをするのか。グローブをはめていると、サイバースペースの中のものに触ったり、動かしたりすることができる。手を伸ばすと、グローブがその動きを探知し、視界の中に自分の手が現れる。もちろん、それはコンピューターがつくった映像である。ある物に近づきたいときは、それを指させば、コンピューターが指さす方向を読み取り、実際にその方向に進んでいくような感じがする映像をつくりだす。進む速度を早めることも、遅くすることもできる。空を飛び、目標物をつかんで、ひっくり返すこともできる。

そして、映像はつねに、毎秒一五コマから三〇コマの速さで動いていくので、スムーズな流れは映画を見ているのとほとんど変わらない。バーチャル・リアリティーの中では、コンピューターが処理できる映像として、コンピューターに入力されているものなら、想像できるかぎりのどんな世界にも行くことができる。

ゲームとして楽しまれることが多いが、応用範囲はもっともっと広い。教育を考えてみよう。ＶＲ装置を化学に導入すれば、自分の「視界」の中に化学の教師を立たせ、原子の概念を勉強できる。特別な映像作成ソフトを使えば、水の分子を見ることができる。電子雲も眺められる。環式化合物の核も調べられる。水と鉄が化学反応を起こして錆ができていく過程も観察できる。

生物学ならどうなるだろう。もう生体解剖をする必要はない。メスを使わなくても、VR装置を操作すれば、動物の身体の中に入り、あらゆるものを見ることができる。心臓が血液を送りだし、喉が液体を飲み下す様子が見える。動物の目になって、動物が見ているものを見ることさえできる。地理の勉強をしたいときはどうするか。アマゾンの雨林でも、アジアの不毛地帯でも、月面の山脈でも、なんでも見られる。数学ならばどうか。三次方程式を立体化して見ることができる。

バーチャル・リアリティーが、企業の研修にあたえる影響を考えてみよう。映画産業やスポーツ・イベントに、大きな影響が出るにちがいない。新製品の設計には、どんな影響が出るだろう。建築家は、注文主を呼んで、これから建設するビルの中をあちこち案内できる。自動車の設計者は、できる前の車を運転できる。その車を買いたいと思う人もそうである。

観光産業にあたえる影響を考えてみよう。プラスの影響も、マイナスの影響も考えられる。VR装置を操作すれば、行きたいところにはどこへでも行ける。キップを買う前に、あらかじめ現地を視察しておくのもいい。

バーチャル・リアリティーによって、情報・通信産業はすべて、根底から変わってしまうだろう。いままで見られなかったことが、簡単に見られるようになる。

その時代は急速にやってくる。このパラダイム・シフトを低コストで利用するのに必要な装置はすべて、すでに値段が下がっている。小型で解像度の高い液晶ディスプレイ、グローブに内臓される光ファイバー・センサー、半導体チップを使った動き検出器、インテルやモトローラの次世代マイクロプロセッサー。いずれも、価格は下がってきている。

これほど将来楽しみなものはない。

以上の14の他にも、注目すべきパラダイム・シフトはまだたくさんある。ナノ・テクノロジー、デスクトップ・パブリッシング、ダイヤモンド薄膜技術など、だれの目にもはっきりわかり、広く知られているパラダイム・シフトは取り上げなかった。これらはいずれも、世界中に産業革命を起こしている。しかし、わかってほしい。あなたに影響をおよぼすパラダイム・シフトを見つけるのは、あなたの仕事なのだ。それはかならず報われる仕事である。

# 第14章 そして、時は行く

将来のことをどれだけ研究しても、予想はつねに裏切られる。しかし、茫然とすることはなくなる。
――ケネス・ボールディング

一九七五年、経済学のボールディング教授の講演で、この言葉を聞いたとき、将来のことをしっかり考えておくことがいかに大切か、これほどみごとに説明する言葉はないと思った。将来はつねに、予想外の事件が起こる。それは天の摂理である。しかし、あらかじめ十分考えておけば、予想できることも多い。そして、将来がどうなるのかをしっかり考えておけば、そのときになって「茫然とする」こともなくなる。パラダイムの原理が大いに役立つ理由はここにある。

わたしはこれまで、パラダイムについて次のようなことを指摘してきた。

1　わたしたちの世界の見方は、パラダイムから大きな影響を受けている。

2　現在のパラダイムに習熟しているために、パラダイムを変えることに抵抗する。

3　通常、新しいパラダイムをつくるのは、アウトサイダーである。

4　人よりも早く、新しいパラダイムに移るには、確実なデータがそろうまで待たずに、信念にもとづいて行動しなければならない。初期段階で、確実なデータが十分にそろうことは絶対にないからだ。

5　新しいパラダイムに移った人は、新しいルールを取り入れるので、世界の見方が変わり、新しいアプローチで問題を解決できるようになる。

6　パラダイムが変わると、だれもが振り出しに戻る。したがって、古いパラダイムで俄然有利に立っていた人が、その力の大半、あるいはすべてを失う。

以上の結論として、わたしはこう言いたい。激動の時代には、パラダイムの動向につねに気をくばり、柔軟に対応していくことが、もっとも重要になると。

ジェイコブ・ブロノフスキーは『人間の進歩』の第11章「知識すなわち確実性」で、ハイゼンベルクの不確定性原理は、いっそ「容認の原理」と呼んだほうがよいと述べ、こう書いている。「不確定性原理、つまり私のいう容認の原理は、知識にはすべて限界があるという認識をはっきりと確立させた。ところが、歴史は皮肉なもので、この原理が現われたちょうどそのとき、ドイツのヒトラーをはじめ、世界各地に独裁者がつぎつぎと登場し、それとは反対の概念、身の毛もよだつような確定性の原理が猛威をふるいはじめた」

パラダイム麻痺の最悪のケースとはどんなものか、権力者が自分の信念に国民を従わせようとするときに何が起こるか。独裁者がそれを教えてくれた。しかし、程度の差こそあれ、それは不可能だと専門家が言うとき、独裁者と同じ状態にあることがわかる。

新しいアイデアを容認しなければならない。新しいアイデアを持ち込んでくる人、自分とは違った考え方をする人に、寛容でなければならない。それが、パラダイムの原理が教えてくれる大切な教訓である。

クーンの著作と、それに対するわたしのコメントから、「どんな」アイデアも正しいとか、「絶対に」正しいアイデアはないとか、間違った結論を導き出した読者もいるかもしれない。また、パラダイムの原理をじっくり考えてみると、真実もなければ虚偽もない、正しいことも間違っていることもないとまで言う人もいるかもしれない。

エアハルト式セミナー・トレーニング「エスト」で有名なワーナー・エアハルトなど、パラダイムの原理のほんとうの意味をこう解釈する人たちもいる。人間は自分たちが生きる世界を創造し、それはまったく「主観的」な世界であると。

わたしが自信をもって言えることがあるとすれば、こうである。「人間は世界を創造しない。わたしたちのまわりにある世界は、発見され、理解されるのを待っている」

しかし、世界はきわめて複雑なので、そう簡単には把握できない。わたしたちが人類のためにやってきたことは、古代から現代にいたる時間と空間の厖大な現実を理解しようとすることだった。それが何であるかについて、人類は遅々としてではあるが、知識を蓄積している。そして、時がたち、たくさんのことを学んでいけば、謎が解けてくる。

13章で取り上げたフラクタルの数学は、知識が着実に蓄積されていることを示す好例である。単純な操作を反復することによって、きわめて複雑な像が浮かび上がってくるとは、だれが想像できただろうか。キーワードは、時間である。時間をかけて、形を無限に複雑にしていくと、やがて、すばらしい世界が浮かび上がってくることを、わたしたちはフラクタルの数学の中に発見したのである。

しかし、知るべきこと、学ぶべきことは、まだまだたくさん残されている。心を開いてものごとを学び、いままで見ていたものを新しい角度から見つめなおし、パラダイムが変わるときに目の前に開ける新天地を探検しなければならない。それが、わたしたちの挑戦であり、探究である。人間ははるか昔から、ものごとを学び、努力してきた。世代から世代へえんえんと受け継がれてきたものを無にしてはいけない。

自分は何から何まで知っていると思い込んでいる人は可哀相だと思う。そういう人はやがて、とんでもなく無知な人間に見えるようになるだろう。それだけなら本人だけの問題だが、重要なアイデア、世界を変えてしまうアイデアが、そうした人たちによって妨害されるとなると、ことは深刻である。

アーサー・C・クラークは『未来のプロフィル』で、二つのリストを作成している。ひとつは、かつて二十世紀中までには実現できると考えられていたもののリスト、もうひとつは、だれも予想できなかった発見と発明のリストである。

**予想されていたもの**

電話
自動車
飛行機
蒸気機関
潜水艦
ロボット
殺人光線
錬金術
人造生命
不老不死
透明人間
念力移動（テレポーテーション）

**予想できなかったもの**

X線
核エネルギー
ラジオ、テレビ
エレクトロニクス
量子力学
相対性原理
トランジスター
メーザー、レーザー
超電導
原子時計
天体の位置測定
中性微子（ニュートリノ）
放射性炭素による年代測定
不可視惑星の発見法
電離層
ヴァンアレン帯
パルサー

クラークがこのリストをつくったのは一九六二年だったので、予想できなかったもののリストに、その後、発見、発明されたものを加えれば、もっと面白いリストができるだろう。二番目のリストの教訓ははっきりしている。将来を完全に見通すことなどできはしない。

さらに付け加えると、予期しなかった大きなパラダイム・シフトが起こると、その余波でさまざまな変化が起こり、その大きな変化を組み込んでいない論理的な予測とは、まったくかけはなれた将来が訪れる場合もある。それだけに、心を開くことがいっそう大切になる。

寛容な姿勢でいつも心を開いていれば、世界を変えてしまうかもしれない新しいアイデアから、大きな力を引き出すことができる。パラダイム・シフトが、いかに世界を変えてしまうか、くりかえし説明する必要はないだろう。

そろそろ、結論をはっきり述べる時がきたようだ。読者はもう、お気づきだろう。わたしは、「パラダイムについてのパラダイム」を説明したにすぎない。最終的には、読者ひとりひとりが、どう考え、どう行動するかの問題である。

わたしはこれまで、パラダイムを理解し、うまく利用するルールを示してきた。わたしはこう言いつづけてきた。パラダイムには境界がある。パラダイムのルールを使うから、問題を解決できる。そして、パラダイムがどう機能するか、その実例やモデルをたくさん紹介してきた。パラダイムという概念の枠組みを使えば、将来を先取りする力は飛躍的に高まると書いてきた。

これにどんな意味があるだろうか。まず、パラダイムを利用しようと思うなら、信念にもとづいて行動しなければならない。そのパラダイムが安全であることを証明するデータが十分に揃うことはない。そして、世界を観察するルールを思い切って試してみようと思ったときにははじめて、パラダイムの価値がわかる。それまで解決できなかった問題を解決してみよう。それまで説明できなかった行動様式を説明してみよう。新しい角度と視野から世界を見つめてみよう。そう思わなければ、パラダイムを理解していても、なんにもならない。

わたしは、この本を読む方々がすぐれた戦略的探検家になれるよう、明確な方向を示そうと努力してきた。パラダイムの原理にもとづいて、方向を示してきた。

あとは、それぞれの方がどうするかの問題である。わたしは冒頭でこう述べた。戦略的探検家として、いちばん大切な能力は、自分の見方がどう形成されているか、自分の考え方が何に影響されているかを理解することだと。これが理解できなければ、そのほかにどんな能力をもっていても、宝の持ち腐れになる。

ピーター・ドラッカーの言葉をかみしめてみよう。


**「乱気流時代には、先を見通せる組織と人が、競争上、大きく優位に立つ」**


わたしが本書で一貫して言いつづけてきたのは、このことである。現代の混乱の多くは、①古いパラダイムの崩壊（そして、時代遅れのルールを支えようとする努力）、②新しいパラダイムの創造と導入によって生まれる。

ここ数年間、数々のトレンドが注目を集めているが、それが混乱のおもな原因ではない。トレンドには歴史があり、それまで辿ってきた道から今後の方向を予測できるので、パラダイムよりもはるかにわかりやすい。

**トレンドは方向がはっきりしており、将来の動向をかなり予測できるので、混乱を生み出すより、むしろ混乱を抑えるはたらきをする。**

出現したトレンドの形態や内容が気に入らなくても、少なくとも、ある程度まで、そのトレンドがもたらす結果を予測することができる。もちろん、爆発的なトレンドが大混乱を引き起こす場合もある。しかし、大半のトレンドは勢いを増すまでに時間がかかるので、わたしたちはその間にマイナスの影響をやわらげ、変化からチャンスを見いだすことができる。

パラダイムの論議に欠かせないのは、イノベーションのためのフィードバックの循環である。テクノロジー予測のパイオニア、ジェームズ・ブライトは、イノベーションに拍車をかけるのは混乱であり、「危機」であると言っている。卓見である。

危機が訪れると（混乱が深刻になると言い換えてもいい）、人びとは大きな変化を予想し、それを求めさえする。大きな変化を受け入れる用意ができると、事態はつぎのように動く。

**1** 大きな変化への要求に対応し、危機を乗り切る新しい方法、すなわち新しいパラダイムを見つけようとする人が増える。そうなると、パラダイム・シフトが起こる可能性が高まる。

**2** 危機感が高まると、危機を乗り切るには、いままでのやり方を根本から変えなければいけないと思う人が増え、パラダイムを変えるチャンスが広がる。

ここまでくると、ものごとが根底から変わってしまう舞台がととのう。そして、次のステップがはじまる。

**ステップ1**　確立されていたパラダイムがうまく機能しなくなる。
**ステップ2**　それに気づいた人たちは、古いルールに疑問をいだくようになる。
**ステップ3**　自信がなくなってくると、混乱が深まる（ブライトの言葉を借りれば、危機感が高まってくる）。
**ステップ4**　新しいパラダイムの創造者や発見者が、問題解決に乗り出す（こうした問題の多くは、長い間、解決されるのを待っていた）。
**ステップ5**　新旧のパラダイムの対立が表面化してくると、ますます混乱は深まる。
**ステップ6**　混乱に巻き込まれた人たちは、すっかり狼狽し、明確な解決策を求める。
**ステップ7**　古いパラダイムでは解決できなかった大問題の数々が、新しいパラダイムによってすこしずつ解決されていく。
**ステップ8**　一部の人たちが、信念にもとづいて、新しいパラダイムを受け入れるようになる。

ステップ9　支持者が増え、資金基盤が固まってくると、新しいパラダイムには勢いがつく。
ステップ10　新しいパラダイムによって、つぎつぎと問題が解決され、混乱していた人たちが新しい世界に対応できる方法を見つけると、混乱はおさまっていく。

混乱していた人たちが新しいパラダイムになじんでくると、もはや新しいアイデアを受け入れようとはしなくなり、このサイクルは終わる。そのあとは、新しく受け入れたパラダイムでは解決できない問題が山積し、新しいサイクルの呼び水となるまで待たなければならない。言うまでもなく、混乱期には、新しいパラダイムがたくさん現れ、受け入れられるのは、その一部にすぎない。

たくさんのパラダイムが見向きもされずに消えていき、いくつかのパラダイムは少数の人たちに受け入れられる。主流のパラダイムとして定着するのは、ごくごく一部である。自分の役割が、経営者であれ、政治家であれ、教育者であれ、一般市民であれ、たくさんの人たちが新しいパラダイムに虚心に耳を傾けるような環境をつくり、パラダイムを変える人の不安を取り除くのが、戦略的探検家としての、わたしたちの役目である。

**わたしたちの社会では、依然として、ゲームのルールをつくりかえることには大きなリスクが**

ともなう。

わたしが顧問をしているある企業は、この問題に正しく対応し、お手本といいたいような制度をつくった。わたしが助言をしていたある部門は、頭が固いので有名だった。イノベーションのためには、そうした態度を改める必要があり、その責任者になった女性は「観測気球デー」を設けた。三か月に一回訪れるその日には、社外で会議が開かれ、社員は申し込みさえすれば、だれでも出席できる。その会議には、パラダイムの概念と影響力をよく理解している評価委員が同席し、新しいアイデアに耳を傾け、そのメリットとリスクを検証する。すばらしいアイデアであれば、委員会と発案者は、それを経営の上層部にもちこむ。そこで、不適切と判断された場合は、発案者の名前は公表されない。したがって発案者は、物笑いの種になることもないし、陰口をたたかれることもない。観測気球デーは大きな成果をあげている。新しいパラダイムを提案するリスクが軽減されたからだ。

混乱期に、わたしたちの社会が必要としているのは、こうした前向きの姿勢である。新しいアイデアと問題解決の新しい方法に広く目を配ろうとするだけで、二十一世紀に飛躍するために必要なイノベーションへの糸口を発見できるからだ。

## 五つの名言

わたしたちは、パラダイム・シフトの時代に生きている。だれもが、成功間違いなしの新しいパラダイムを考えつくわけではない。それができるのは、ごく限られた人たちだ。しかし、心を開いて変化を求め、その影響を考え、新しいパラダイムを育てていく環境をつくることは、だれにでもできる。多くの分野で、新しいパラダイムが求められていることは疑問の余地がない。アメリカのいたるところで、そして世界中で、イノベーションを求める声は高まる一方である。パラダイム・シフトを恐れていては、イノベーションは起こせない。

だれが将来への道を切り開くのか。たくさんの人たちが切り開くのだ。ある人にとってのパラダイム・シフトは、ほかの人にとっては、すでに現実になっていることもある。ある国にとっては新しいパラダイムでも、ほかの国ではすでに制度化されている場合もある。アメリカは情報ネットワークの将来を、フランスはデビットカードの将来を、日本は従業員経営参加の将来を、アルゼンチンはインフレ抑制の将来を、旧ソ連は民主主義の将来を、それぞれ切り開こうとしている。世界を見渡してみれば、それぞれの国がかかえる重要な問題を解決してくれるかもしれないパラダイム、自分たちの知らないパラダイムがたくさんあることに気づくだろう。

最後に、五つの名言と、一つの逸話を紹介して、この本を締め括りたいと思う。

「スピードは大切だ。ただし、正しい方向にむかっていればの話だが」ジョエル・バーカー（筆者）

「車の跡がつづいている地平線の向こうに何があるか。その判断を間違えないことが重要だ」作者不明

「それはできないと言う人は、それをやっている人の邪魔をしないよう、そこをどくべきだ」作者不明

「ほんとうの発見とは、新しい土地を発見することではなく、新しい目で見ることだ」マルセル・プルースト

「未来からの衝撃を真正面で受ける企業はない。かならず、思いがけない方向から頭を殴られる」ディック・デービス（コンサルタント）

この最後の言葉が、わたしは好きだ。企業に限らず、わたしたちすべてにあてはまるからだ。ひとつの方向だけを見ていると、戦略の視野が狭くなる。つねに地平線のかなたに視線を走らせ、その線上に、視野の端に、ただならぬ変化が起こっていることを発見しようとしなければならない。

## 最後のお話、ブタとブス

むかしむかし、山荘をもっている男がいた。毎週土曜日の朝になると、ポルシェを駆って山荘に向かう。見通しのきかないカーブやガードレールのない絶壁など、途中には危険な箇所がいくつもある。

しかし、男は気にもかけていなかった。車の性能はすばらしいし、運転には自信があるし、目をつぶっても走れるほど道をよく知っていた。

ある晴れた土曜日の朝、男はいつものようにポルシェを飛ばしていた。見通しのきかないカーブが近づくと、スピードを落とし、ギアを切り換え、二百メートルほど先の急カーブにそなえ、ブレーキに足をおいた。そのとき、カーブの陰から車が一台、ハンドルを切り損ねたように飛び出してきた。崖から落ちると思った瞬間、道路すれすれに弧を描き、勢いあまって反対車線に入り、あわててハンドルを切りなおしたかと思うと、また反対車線に入ってくる。なんてことだ。男は急ブレーキを踏んだ。

車は蛇行しながら接近してくる。ぶつかると思った直前、対向車は左にそれ、すれちがいざま、きれいな女性が窓から顔を突き出し、あらん限りの声で叫んだ。「ブタ!」

ふざけるな。男はカッとなって、怒鳴り返した。「ブス!」。

「めちゃくちゃな運転をしているのは、どっちなんだ」。しかし、怒鳴り返して、少しは胸がすっとした。ああいう女には、ひとこと言ってやったほうがいい。

そして、アクセルを踏み、急カーブを曲がった途端……、ブタに衝突した。

これは、パラダイムのお話である。男は、ののしられたと思った。しかし、対向車の女性は、親切でああ言ってくれたのだ。だれもが、そんなことを言ってくれるわけではない。その女性はもうすこしで崖から落ちるところだったが、カーブを曲がったところにブタがいることを、わざわざ知らせてくれたのだ。それなのに、男はパラダイム麻痺におちいり、ののしられたと思った。そこで、「ルール」に従い、ののしり返した。それで、ゲームは終わりだと思った。

なぜ、あんな危ない運転をするのかと思ったときには、まだ麻痺していなかった。パラダイムが硬直していなければ、女性の叫び声を聞いて、「何かあった」と気づいたはずだ。それに気づけば、もっと注意してカーブを曲がっていただろう。少なくとも、ブタに衝突することはなかった。うまくいけば、車を止め、ブタを拾い上げてトランクに入れ、愉快に走り去ることもできただろう。

教訓。次の十年間、見通しのきかないカーブにさしかかったとき、大声を発してくれる人はいるかもしれない。しかし、わざわざ車をとめて、カーブの向こうに何があるか、教えてくれる人はいないだろう。それを突き止められるかどうかは、あなた次第である。

パラダイムが硬直していると、悪魔の声しか聞こえてこない。

パラダイムがしなやかであれば、女神の声が聞こえてくる。
くりかえし言うが、どちらの声が聞こえてくるかは、まったくあなた次第である。

# あとがき

わたしは本書で、パラダイムの力と影響を指摘し、わたしたちがなぜ古いパラダイムに固執するのかを説明し、新しいパラダイムにもっと心を開かなければならない理由を示してきた。激動の時代には、積極的に将来に足を踏み出し、将来を予見することが必要だと述べてきた。それを仕事や生活にどう活かすかは、読者次第である。わたしの言うとおりかもしれないと思う方には、ぜひとも次のことをお勧めしたい。

現在の自分のパラダイムの在庫を点検し、「正しい」やり方だと信じているものを書き出してみよう（参考までに、わたしが正しいと信じていることを括弧の中に書いておく）。

・仕事。とくに、経営手法（新製品に満足がいかなければ、発売日を遅らせたほうがいい。すばらしい新製品ができたときが、発売日なのだ）。
・家族生活（スキンシップが、子供の健全な発育を助ける）。
・モラル（嘘はいつも、問題を解決する以上にたくさんの問題を生む）。
・政治思想（すべての国民を法的に保護できない国は、国とは言えない）。
・宗教（人にしてもらいたいと思うことを、人にしてあげたい）。

・世界観（大半のアジアの文化は欧米の文化よりも、将来の長期的なビジョンを大切にする。二百年先のことを考えて、計画を立てる）。

自分が大切にしているルールや信念が何かを確かめ、他人を評価する基準をつくってみよう。「汝すべからず」と思っていることがひとつでもあれば、パラダイムに縛られていることになる。

結婚している方は、同じことを人生の伴侶にも書き出してもらうとよい。自分のものと比べてみると、思わぬ発見があるかもしれない。自分のルールがどんなものかを確かめる一番よい方法は、自分の子供にどんな教育をしているかを考えてみることだ。いくつかルールを破っているかもしれないが、子供に教えていることが、ひとを評価する基準になっていることが多い。

以上のほかに、さらにあと二つ、お勧めしたいことがある。他人が従っているルールで、自分には承服できないルールを書き出してみることだ。できあがったリストをながめてみると、自分が抵抗を感じているパラダイムが見えてくる。

そして、どんな状況になれば、いまのパラダイムを変えようと思うか自問してみよう。たとえば、普段は盗みは悪いことだと思っているが、ある状況下では、ひとのものを盗んでみようと思うかもしれない。この自問自答はきわめて重要である。どんな状況になれば、パラダイムを変えてもいいと思うか。それが、わかるからだ。

人生の指針になっているパラダイムをリストアップすれば、それが問題の解決にどのように役立っているか、その他の問題の解決をどのように邪魔しているかを、考えてみることができる。自分のルールがわかれば、自分のパラダイムに影響をあたえ、自分のパラダイムを脅かすかもしれない世界の変化に目を向けることができる。場合によっては、自分自身のために、パラダイムを変えようと決断することもできる。

先に述べたことを思い出していただきたい。わたしは、パラダイムをもつのが悪いと言っているのではない。わたしたちはパラダイムのおかげで、人生のさまざまな問題に、効果的に、効率的に、対応できるのだ。ただ、激動の時代には、頭を柔軟にし、自分のパラダイムをつねに点検していくことが必要になる。

そのために何かをしたいとお考えの読者には、もうひとつ、お勧めしたいことがある。自分のパラダイムを柔軟に活用し、戦略的な探検技術をみがく、いちばん安上がりで、いちばん有効な方法は、読書である。わたしは、新聞四紙をふくめ、一か月に定期刊行物を六十種類読んでいる。つねに新しいアイデアに接していることが、わたしの仕事だから。しかし、普通の方は仕事に忙しく、そんな暇はないだろう。そこで、ぜひとも一読をお勧めしたい単行本を十三冊、定期刊行物を九点、重要度の高い順番に、紹介しておきたいと思う。

## 単行本

アーサー・C・クラーク『未来のプロフィル』早川書房、一九六六年
エリック・K・ドレクスラー『創造する機械　ナノテクノロジー』パーソナルメディア、一九九二年
ピーター・F・ドラッカー『乱気流時代の経営』ダイヤモンド社、一九八〇年
マリリン・ファーガソン『アクエリアン革命』実業之日本社、一九八一年
Garwood, David, and Michael Bane
Shifting Paradigms: Reshaping the Future of Industry. Stone Mountain, Ga: Dogwood Press,1990
Harmon, Willis
An Incomplete Guide to the Future. New York: Norton, 1970
Judson, H. F.
The Eighth Day of Creation. New York: Simon and Schuster,1979
トーマス・クーン『科学革命の構造』みすず書房、一九七一年
エレン・ランガー『心はマインド……』日本実業出版社、一九八九年

Meadow, Dennis, et al.
Limits to Growth. New York: Signet,1972
ハワード・ラインゴールド『バーチャル・リアリティ』ソフトバンク、一九九二年
E・F・シューマッハー『宴のあとの経済学　スモール・イズ・ビューティフル主義者の提言』ダイヤモンド社、一九八〇年
アルビン・トフラー『第三の波』日本放送出版協会、一九八五年

以上の十三冊は、今日のパラダイムに大きな影響をあたえ、わたしのパラダイムを脅かしたように、多くの人たちのパラダイムを脅かすと思われる本ばかりである。斬新な発想に触れたときの、自分の反応をチェックしてみよう。自分の境界を見つけ、それについて考えてみよう。かならずや、視野が広がるはずだ。

**定期刊行物**

「クリスチャン・サイエンス・モニター」日刊　The Christian Science Monitor
将来の可能性をモニターするのに、一点を選べと言われれば、わたしはこれを選ぶ。最新のテクロノジーや社会問題が取り上げられ、グローバルな視野から編集されている。将来の重要

な問題を探る間口の広さと奥行きの深さで、これにまさる刊行物はない。

「サイエンス・ニューズ」週刊　Science News

通常、わずか一六ページの雑誌で、新しい科学・技術情報を一週間分、みごとにダイジェストしている。一般の読者向けに編集し、毎週、特集を組む。科学情報をおおまかにつかむのに最適。

「アトランティック・マンスリー」月刊　The Atlantic Monthly

技術系の人が、読書のバランスをとるのに最適。将来に大きな影響をおよぼす社会・政治問題を毎号、特集する。

「マザー・アース・ニューズ」隔月刊　Mother Earth News

変わったことをやるのが特徴。環境保護、中小企業の保護、自助努力を訴える。アメリカのマイノリティーの考え方とパラダイムを反映しており、重要な問題解決のための新しい方法を提案する。

「ポピュラー・サイエンス」月刊　Popular Science

この十年間に読者対象を拡大し、現在は、科学マニアが好む話題ばかりでなく、テクノロジーを幅広く取り上げている。新発明やイノベーションを真っ先に伝えるのが強み。新しい動きがわかりやすく説明されているので、それをどう応用できるかについて、貴重なヒントが得られる。

「ウォールストリート・ジャーナル」日刊　The Wall Street Journal

月間のサマリーが刊行されていないのが非常に残念。論説欄には、ビジネスの大きなパラダイム・シフトが示唆されていることが多く、月に一回、一面に目を通すだけでも、知っておくべき経済界の変化がつかめる。

「フューチュリスト」隔月刊　The Futurist

世界未来学界の機関誌。編集にもうひと工夫ほしいが、専門家が何を考えているのかを知りたい人は、二か月に一度、これを読むのは時間の無駄にはならない。社会、政治の新しい動きとその影響にスポットライトをあてる。

「テクノロジー・レビュー」隔月刊　Technology Review
マサチューセッツ工科大学出版。テクノロジーに関する新しい発想を取り上げるが、問題の的を絞って、深く掘り下げるのが特徴。毎号、少なくとも一つは貴重なヒントを得られる。

「ニュー・センス・ブルティン」隔週刊　New Sense Bulletin
しゃれた四ページのニューズレターで、『アクエリアン革命』の著者、マリリン・ファーガソンが執筆。多くの情報がみごとに要約されており、頭と心のパラダイムの端（はし）にある情報がいつも取り上げられる。

# 謝辞

本を書くのは孤独な作業だが、わたしは過去二十年間、多くの方々の支援に恵まれてきた。とくに、未来学者として、著述家として、わたしの方向が決まるようなときに助けてくださった方々にはお礼の言いようもない。

セント・ポール・アカデミー&サミット・スクールの教職を投げうって、未来学の研究に取り組むわがままを許してくれたトム・リード、その研究の資金を提供してくれたデービッド・リリー、『成長の限界』の問題について研究するチャンスを与えてくれた幼友達のデニス・メドウ、未来学の最初の恩師であるジェームズ・ブライト教授、自分の後任としてミネソタ科学博物館の未来学研究部長に招いてくれたランス・ホルスーザン、わたしが独立してコンサルタント、講師になるのを励ましてくれた妻のスーザン、企業にとってパラダイムを考えることがいかに重要かを最初に教えてくれ、わたしをＩＢＭに紹介してくれた師であり友であるビル・ワイマー、パラダイムの研究をいつも支えてくれた友人でありパートナーであるスコット・エリックソン、わたしのビデオ『未来の発見―パラダイムのビジネス』の製作に勇気をもって出資してくれたレイ・クリステンセン、本書の図の作成に協力してくれたジェイミー・ミッチェル、ウィリアム・モローに引き合わせてくれたすばらしいエージェントのマーガレット・マクブライド、そして心から尊敬する編集者のアドリアン・ザックハイムに、あつくお礼を申し上げる。

## プロフィール

＜著者＞

**ジョエル・バーカー**（Joel Barker）

米ミネソタ科学博物館の未来学研究部長を務めるかたわら、数多くの企業コンサルタントとして社員の意識改革に携わる。顧問先は、IBM、AT&T、モトローラ、DEC、3Mなど一流企業多数。

＜訳者＞

**仁平和夫**（にひら　かずお）

翻訳家。1950年生まれ。訳書に『ディズニー7つの法則』（日経BP社）、『大統領執務室』（共訳、文藝春秋）など。2002年死去。

＜序文＞

**内田和成**（うちだ　かずなり）

早稲田大学ビジネススクール教授。東京大学工学部卒業。慶應義塾大学大学院経営管理研究科修了（MBA）。日本航空を経て、ボストンコンサルティンググループ（BCG）入社。2000年6月から2004年12月までBCG日本代表。2006年から現職。

# パラダイムの魔力　新装版

2014年4月21日　新装版発行

1995年4月10日　初版発行
2013年4月10日　同　16刷

著　者　ジョエル・バーカー
訳　者　仁平和夫《にひらかずお》
発行者　高畠知子
発　行　日経BP社
発　売　日経BPマーケティング
〒108-8646
東京都港区白金1-17-3
TEL（03）6811-8200（営業）
TEL（03）6811-8650（編集）
装　幀　岩瀬　聡
制　作　クニメディア株式会社
印刷・製本　図書印刷株式会社
ISBN978-4-8222-5014-0